LO MEJOR DE DIOS EN MIS PEORES MOMENTOS

Prólogo
EVANGELISTA NICKY CRUZ

LO MEJOR DE DIOS EN MIS PEORES MOMENTOS

RAÚL QUIÑONES

CONTENIDO

Dedicatoria y Agradecimientos

Quiero dedicarle este libro a mi Dios, mi Salvador y a mi todo. Gracias a Él tengo una historia que contar de lo que hizo en mi vida a través de su perdón, misericordia y a su amor hacia mí cuando no lo merecía. La historia de mi pasado no me cualificaba para escribir tal libro, pero los testimonios que están escrito no fueron por mi propio esfuerzo, méritos u obras para cambiarme y salvarme, pues muchas veces lo intenté pero fracasé. Estas páginas hablan de lo que Él hizo en mi pasado cuando estaba perdido sin rumbo y sin dirección y habla de mi presente cuando me dio propósito y nueva razón de vivir. Él tomó este vaso de barro, lo vil y lo menospreciado del mundo para sanarlo, restaurarlo, salvarlo y levantarlo para mostrar su amor, poder transformador y su propósito en mi vida. Sin Él la vida no tiene sentido ni razón de ser, pero en sus manos encontré su llamado para mi vida, el deseo de vivir para Él, y una experiencia inolvidable que marcó mi vida para siempre. Mi amor por Él y mi agradecimiento es lo único que le puedo ofrecer ya que no puedo pagar lo que Él hizo, está haciendo y lo que hará por mí.

Quiero darle gracias a mi mamá Abad Echevarría por ser esa mujer de Dios que se paró en la brecha por mí para interceder cuando yo me encontraba en un mundo perdido y de oscuridad. Su amor por mí, su fe y su compromiso con Dios hizo que ella derramará muchas lágrimas en oración creyendo y sabiendo que un día Dios iba alcanzar a su hijo y lo iba a salvar y usar para su gloria y su honra. También quiero dar gracias a mi familia por apoyarme, orar por mí y amarme en todo momento y en toda circunstancia. Su apoyo a sido crucial en los momentos de bonanza, en los momentos de tormenta, en momentos tristes y en desánimos. Su amor y su persistencia en creer en mi han sido como un ancla que me ha sostenido y me ha dado las fuerzas y la pasión para seguir sin mirar atrás.

Cierro los agradecimientos con una mención especial al Ministro Juan Alberto Ovalle quien fue el que me llamó para decirme que Dios le había mostrado el título de este hermoso libro que hoy cargas.

PRÓLOGO

Espero que seas movido en leer este libro el cual enseña como Dios protege a este hombre de Dios y a su familia y tratar con todos los abusos de una niñez. Este libro te ayudará y ayudará a muchas familias para que puedan tener la valentía de ver la situación que están pasando y tomar la decisión de buscar cambios. Va a ayudar a personas que luchan con depresión y a aquellos que se sienten solos y abandonados. No podemos negar este milagro en Raúl y en su familia. Este libro narra como Dios lo sacó del mundo, lo sacó de lo más profundo de la desesperación, la inseguridad, el miedo, el odio y la destrucción personal. Raúl ha tocado un punto el cual muchos no pueden comprender, pero Dios es un Dios de milagros porque Raúl es un milagro. Este ungido enseña dos clases de amor -el humano y el amor divino; cuando estos elementos se unen, algo sobrenatural pasa en la vida personal.

Para mi Raúl ha sido una gran bendición en mi vida. Inmediatamente cuando supe el contenido que estaría compartiendo en estas páginas, sentí de parte de Dios que su Espíritu Santo estaría conmoviendo y sacudiendo las partes más internas y ocultas de nuestra mente y de nuestro corazón. Es tan real que nos conducirá a reconocer la gracia de Dios en acción y el poder del Espíritu Santo de Dios transformando una vida que parecía imposible cambiar. La excelencia de este libro es que tiene muchos elementos que necesitamos entender y que nos ayudará a despertar el deseo de evangelizar para salir a rescatar las vidas que esperan por cada uno de nosotros. Hay mucha necesidad aun en medio de nuestra familia.

Cuando medito en sus comienzos, en su niñez, solo puedo pensar que desde su inicio Raúl estaba condenado a fracasar pero Dios lo rescató. Su mamá practicaba espiritismo por lo que Raúl fue concebido bajo esa maldición. De ese vientre salió. Su vida estaba destinada a perderse. Si necesitas tener una referencia, te invito a leer en Salmos 40:1-3. Ahí entenderás de dónde Dios sacó a Raúl, de ese lago cenagoso y una vida horrible. No tuvo una figura paternal que lo cubriera. Y aunque estuvo rodeado de todo lo que pudiese mantenerlo en un rumbo a la muerte, Dios llega a la vida de la mamá de Raúl, y ella se convierte en una mujer intercesora más fuerte de sus tiempos. Una mujer que con sus oraciones, provocaron el favor de Dios sobre la vida de Raúl.

El Pastor Raúl se metió al ejército tratando de salir de un mundo de drogas, santería y de guerras por el control de puntos de drogas, sin embargo, Dios lo llevó a tres territorios con un plan divino muy diferente: a la cárcel, al desierto y a un lecho de muerte. Pero Dios siempre tuvo un plan con él. Dios es un Dios que cuando cambia y quiere cambiar a una persona, nadie se imagina la forma en que lo hará. Raúl es un prodigio y un milagro. Es una persona que quiero como un hijo, es tremendo exponente de la Palabra, lo he escuchado predicar y he sido testigo de las vidas que se ha ganado para Cristo. He visto como ha superado tremendas pruebas, una tras otra, sin rendirse en el camino. Lo he visto llorando en muchas ocasiones, como también he visto los milagros en su familia. En su última prueba frente a la muerte, fui testigo de todo el proceso y una vez más vi cómo Dios salvó su vida. Posiblemente para este tiempo Dios lo preservó y hoy tienes la oportunidad a través de su testimonio, de recibir una inyección de fe para poder ver lo mejor de Dios en sus peores momentos.

—Evangelista Nicky Cruz

EL BORICUA EN MACEDONIA - NO ES UN CUENTO DE HADAS

No se supone que hoy tengas este libro en tus manos. Se supone que hace años mi familia me estuviera llevando flores al cementerio y que fuera para muchos un simple recuerdo. Si fuese a compartir contigo cada experiencia en la que he visto la mano de Dios obrar en mi vida, tendría que escribir una enciclopedia y aun así, no sería suficiente. Este libro que hoy tienes en tus manos es un sueño y una asignación que llevo años cargando. Traté en muchas ocasiones de escribirlo y publicarlo, pero por diversas razones, no se lograba. Hoy puedo entender que aún faltaban experiencias que necesitaba vivir para que se pudieran convertir en testimonios de victoria.

Este libro es el testimonio vivo de una madre que siempre creyó, que nunca se rindió y que siempre estaba en línea con lo que Dios hablaba de su hijo y para su hijo. Madre o padre que puedas estar leyendo este libro, soy producto de las oraciones de mi madre. Nunca te rindas. Posiblemente hoy no veas en tus hijos lo que tu corazón anhela ver, pero sigue creyendo y hablándoles a su espíritu lo que Dios ha dicho de ellos. Me tardé años en llegar al lugar que Dios quería, pero una vez llegué, no he vuelto atrás.

¿Qué vas a leer en este libro? Tres momentos reales donde me vi al borde de la muerte pero Dios siempre estuvo allí. Verás la mano de Dios obrar en la vida de un hombre imperfecto pero que cargaba una asignación especial de parte del Padre y hasta que esa asignación se cumpla en la tierra, Dios continuará caminando junto a Él para que el propósito del reino se cumpla. Dios no me libró de la cárcel ni del castigo pero me libró de la muerte. Mi rol como predicador y pastor no comenzó en el altar con un micrófono, sino tras las rejas y en un desierto. Mi vida en Dios no ha estado libre de pruebas y tribulaciones, más bien me ha tocado bailar con la muerte en múltiples ocasiones, y de todas, Dios me ha librado.

Es por esto por lo que mi expectativa para ti es que al leer este hermoso testimonio te des cuenta que cuando Dios tienen propósitos contigo Él será siempre fiel para que se logren. Así como NO libró a Daniel del foso de los leones, pero estuvo allí con él; así como NO libró a Job de sus pérdidas pero veló por su alma; así como NO evitó que José pasara por todas las pruebas que le tocó pasar pero lo cuidó en el camino y al final le retribuyó; ¡ASÍ LO HARÁ CONTIGO!

CADENA PERPETUA

Nací en Brooklyn, Nueva York y crecí en una familia disfuncional donde mi papá era alcohólico y un padre que estaba ausente. No recuerdo que mi padre me mostrara amor o tan siquiera decirme que me amaba. El abusaba de mis hermanos mayores que eran sus hijastros y no solamente estoy hablando de abuso físico, sino también un padre que abusó a mi hermana mayor sexualmente. De niño veía que llegaban personas que yo no conocía y le leían las cartas del Tarot a mi papá y luego le hacían un lavado de pies. En mi casa se practicaba la brujería y hubo manifestaciones diabólicas que mis hermanos mayores podían observar. Yo no entendía lo que estaba ocurriendo. Una de las cosas que siendo un niño recuerdo es que un día mi papá estando endemoniado, tomó un cuchillo en su mano para matar a la familia. Recuerdo que mi hermano mayor se levantó y cerró la puerta para evitar que mi papá saliera del cuarto. Mi hermano Eddie aguantaba la puerta y mi papá lanzaba puñaladas atravesándola mientras mi hermano nos decía gritando que corriéramos. Toda la familia salió corriendo al patio de atrás mientras mi hermano aguantaba la puerta y nosotros escapábamos para salvar nuestras vidas. Mi hermano aguantó la puerta lo más que pudo y luego salió corriendo.

Este incidente provocó que mi hermano le hablara a un amigo para que le consiguiera un revolver para él matar a mi papá. Mi mamá ya en el evangelio le comunicó el plan de mi hermano mayor a su Pastor y este decidió recolectar una ofrenda para que nosotros saliéramos de las circunstancias en que nos encontrábamos. Salimos de Nueva York y llegamos a Puerto Rico y nos quedamos un tiempo con una tía de mis hermanos mayores. Una persona de la Iglesia luego nos ayudó y nos quedamos rentando un cuartito pequeño en un apartamento. No teníamos nada pues habíamos salido de Nueva York huyendo del estilo de vida que nos había dado mi padre. Pasaron unos años, yo tenía alrededor de 8 años de edad, cuando mi mamá me da la noticia que mi papá había muerto y luego me enteré de_que fue por medio del suicidio. Desde ese momento mi vida empezó a ser impactada por la ausencia de un padre en mi vida. Muchas veces nuestra sociedad ignora el rol de liderazgo y la importancia de un padre en la familia. Ignoramos la influencia que éste proporciona a toda la familia. Vemos en el Edén cómo Eva toma del fruto prohibido que Dios le dijo que no tomara, e inmediatamente el pecado entró en ellos y caer en cuenta de que estaban desnudos se fueron a esconderse. Dios al buscarlos se dirigió directamente a Adán para confrontarlo con la mala decisión que habían tomado (Génesis 6:3-12). Dios había establecido al hombre como un líder de ejemplo en palabras y acciones. Su rol fue diseñado para impactar la vida de su familia.

A mí me gustaban los deportes así que empecé a jugar baloncesto y llegué a participar del boxeo y la pelota. Recuerdo que jugando pelota (béisbol), veía a mis amigos cuando iban a batear y sus padres desde las gradas le gritaban y los animaban; pero cuando a mí me tocaba batear, yo me plantaba en el plato para ver el lanzamiento. Miraba a las gradas esperando también el apoyo y el ánimo de mi padre, pero solo veía su ausencia y esto provocaba dolor en mi corazón. Extrañaba la presencia de tener un papá que me dijera; ¡Raúl estoy aquí para ti, dale duro a la pelota sé que tú puedes! Gracias a Dios yo tenía una madre que era cristiana que buscaba a Dios de todo corazón y oraba por su familia. No teníamos riquezas y había escasez de las cosas materiales, pero teníamos la Palabra de Dios y una madre que era ejemplo y testimonio de lo que era servir al Señor. De pequeño nos llevaba a la Iglesia y no había opción de no ir. Al llegar nos advertía de cómo debía ser nuestro comportamiento en la casa de Dios. Crecí viendo a mi mamá orando, siendo perseverante a la iglesia y siendo ejemplo de lo que nos enseñaba. De joven siempre estaba la ausencia de ese padre en mi corazón y afectó mi desarrollo y mi identidad. Empecé a envolverme con amistades de donde nosotros vivíamos y comencé a experimentar lo que era el mundo de las drogas y caminar con armas de fuego. La madre que crio a su hijo en el evangelio, ahora lo está viendo tomar una dirección opuesta en la cual nos crio, pero me acuerdo de que mi mamá siempre me decía que la salvación es individual y yo le decía: "no mami, cuando el Señor te venga a buscar yo me voy a aguantar de tu falda y me voy contigo." Ella me decía que eso no iba a ocurrir pues vendrá en un abrir y cerrar de ojos (1Corintios 15:52). Mi mamá me dijo; "yo te criado en el Evangelio y te he enseñado principios de la Palabra de Dios, pero ahora que eres adulto, tienes que tomar tus propias decisiones." Empecé a envolverme en este mundo del narco tráfico y de la venta de drogas. Me hundía cada vez más y al pasar del tiempo mi mamá ya no me reconocía como aquel niño criado en el evangelio y de buenas calificaciones en la escuela. Pero, mi mamá sabía que la Palabra de Dios dice en Proverbios 22:6: "Instruye al niño en su camino, Y aun cuando fuere viejo no se apartará de él." Mi mamá siempre fue una mujer de fe que vivía una vida de rodillas en oración y no iba a permitir que lo que sus ojos naturales veían, se fuese a interponer en su confianza en el poder de Dios para traer a su hijo de regreso como en la historia en la biblia del "Hijo Prodigo" en el libro de Lucas 15:11-32.

Empecé con un grupo pequeño que fue creciendo en poder, dinero e influencia en el mundo de las drogas en nuestra ciudad de Bayamón, Puerto Rico. Había algo en mi corazón que cargaba hacia mi padre y era que como él no estaba ahí para mí en los tiempos de mi crecimiento, le guardaba rencor y odio y me dije: "té voy a castigar por estar ausente en mi vida y ahora te voy a avergonzar." Aunque mi papá había cometido suicidio y estaba muerto, en mi conciencia yo creía que tenía la capacidad de herirlo al hacer el mal y así castigarlo por su ausencia en mi vida. Esta vida que vivía también dio lugar a introducirme en la santería. Comencé a pensar que Dios no me podía ayudar en el mundo que vivía, así que pensé que alguna fuerza contraria me tendría que ayudar. Recuerdo que una vez fui a visitar al santero para una sesión y me pidió que trajese una paloma blanca viva y un coco con agua adentro. Durante la sesión mi indicó que me doblara y partió el coco y derramo el agua en mi cabeza. Luego tomó la paloma y la paso por mi cuerpo, desde la cabeza hasta los pies. De momento mató a la paloma y la puso en un bolso para que yo la tirara en un cementerio porque según él yo había sido limpiado. Yo desconocía lo que la biblia dice: "Si confesamos nuestros pecados, él es fiel y justo para perdonar nuestros pecados, y limpiarnos de toda maldad" (1Juan 1:9).

En el mundo que estaba viviendo no me daba de cuenta que estaba caminando como un ciego sin tener sentido hacia dónde me dirigía. La santería proveyó para mí un medio por el cual me sentía seguro de tener algún tipo de protección, cuando en verdad estaba trayendo el mundo de la obscuridad y las tinieblas de Satanás. No tenía la capacidad de entender que sin Dios nada soy y nada puedo lograr. El Santero me dio un collar que tenía 7 colores que me lo ponía y cruzaba mi cuerpo de un lado a otro y 1 centavo que estaba al final de ese collar lo cerraba de ambos lados. Él me dijo que cada color representaba un santo que me daba poder y me protegía. También me entregó una piedra negra lisa y me dijo que esa piedra negra fue preparada en Haití. Me dijo que cada vez que viera a la policía (porque él sabía que yo estaba en el mundo de las drogas) mantuviera la piedra en el bolsillo y cuando viniera la policía solo tenía que apretarla y la policía se iba a ir. Prácticamente me estaba dando la impresión de que yo era intocable ante la policía siempre y cuando mantuviese la piedra dentro de mi bolsillo. Para una persona que se encuentra en ese mundo esto era una piedra ideal. Recuerdo que un día estaba en el caserío tranquilo con todos los muchachos y de momento vino la policía y los muchachos están corriendo, pero yo me quedé dónde estaba porque yo tenía la piedra en el bolsillo que una vez la apretara nada me iba a pasar. Así que procedí a meter mi mano en el bolsillo y apreté la piedra. La policía me toma por la camisa me pone contra la pared y me dice que pusiera mis manos contra la pared y yo me dije: "esta porquería de piedra parece que se le agotaron las baterías porque no funcionó." Creo que Dios me estaba enseñando que en aquello que yo estaba poniendo mi confianza no tenía poder alguno y que solo era un engaño de Satanás para tratar de convencerme que lo que yo estaba haciendo era correcto. Dios me estaba dejando ver las limitaciones que tenía el enemigo y que el verdadero poder está en Él, pero yo seguía ciego ante la experiencia que había pasado y decidí no quitarme el collar.

Un día llegué a mi casa con el collar y me quité la camisa y puse el collar encima de un armario y mi mamá que es Cristiana Pentecostal criada en el Evangelio y que servía al Señor por mucho tiempo, vio el collar y me preguntó qué clase de collar era ese y yo le comenté que ese collar estaba preparado por un santero y que si ella lo tocaba se iba a desmayar porque había poder en él. Inmediatamente al yo decir eso, tomó el collar en sus manos me miró fijamente a los ojos y dijo: "en el nombre del Señor Jesús esta porquería no tiene poder para afectarme, y lo tiró al suelo." Yo me quedé impresionado que los efectos que pensé que le iban a ocurrir no ocurrieron, sino que ella se quedó parada firmemente confiada en el Dios que ella servía y eso continuaba afectando mi creencia en la manera de ver el mundo de la santería; aun así continuaba cargándolo puesto en mi cuerpo. Dios me mostraba, aunque en ese momento no lo podía percibir, su deseo de abrirme los ojos ante el mundo oscuro en que me encontraba.

Yo continuaba en el mundo de las drogas y como suele suceder, hay grupos rivales que tienen puntos de drogas y comienzan a tener diferencias con aquellos que acaban de comenzar. Esto siempre trae debate o guerra por el poder del control de las drogas y produce guerras entre grupos rivales. Un día recuerdo no frecuentar un lugar donde normalmente nos juntábamos algunos del grupo para beber alcohol. Ese día aparece un vehículo con diferentes individuos armados y comenzaron a disparar dentro de ese local. Hubo varios heridos y dos muchachos de nuestro grupo fueron asesinados. Uno nunca piensa que esto pudiera acontecer, pero en el mundo donde nos encontrábamos es parte del pan de cada día. Comenzaron por primera vez, las muertes dentro de nuestro grupo y esto suscitó una guerra en contra del otro grupo rival. Como venganza por lo que habían hecho, nosotros decidimos ir al caserío de donde provenían estos individuos. Habíamos planificado que todos íbamos a rodear el caserío y dos de mis amigos, juntamente conmigo, íbamos a ir directamente a un apartamento específico para ejecutar esas personas. Cuando llegamos según lo planificado, subimos al apartamento y pateamos la puerta, pero las personas que se supone que estuviesen allí no estaban. Corrimos de un lado a otro dentro del apartamento buscando a nuestros enemigos para vengar la muerte de nuestros amigos pero no los encontramos. Tuvimos que irnos del lugar sin poder tener resultados. Firmemente pude entender que la mano de Dios estaba conmigo para evitar de que yo cayera en una situación aún más profunda en el mundo donde yo me encontraba. Pues yo tenía una madre que continuaba orando e intercediendo por mí para que Dios me rescatará del lugar donde me encontraba.

Luego de ese incidente fuimos atacados en nuestro caserío y me tomaron desprevenido en ese momento. Los enemigos entraron al lugar donde nos encontrábamos y yo estaba en ese momento caminando con un amigo. De pronto escuché a una mujer gritar mi nombre desde un balcón y cuando me volteé a mirar a la persona que me estaba llamando, vi que detrás de mí, como a una distancia de 15 a 20 pies aproximadamente, había un sujeto vestido de negro con un arma de fuego que parecía un rifle. Tan pronto me volteé, él comenzó a abrir fuego en contra de nosotros. Me viré y empujé a mi amigo y le dije que corriera y luego yo comencé a correr. Parecía que el tiempo se había detenido cuando esa persona ya estaba detrás de mí y comenzó a disparar. Me dio tiempo para mirar hacia atrás, volverme a voltear y empujar a mi amigo y comenzar a correr. Era casi imposible que él pudiera fallar puesto que ya él estaba en posición y estaba a una distancia bastante cerca. Mientras él me disparaba yo veía las balas que le daban a la pared al lado mío y continué corriendo, tratando de subir a un apartamento. Mientras subía los escalones de ese apartamento, sentía las balas que le pegaban a la orilla de mis zapatos, pero no tocaban mis pies o mi cuerpo. Comencé a tocar en la puerta de un apartamento y cuando la abrieron entré forzadamente para protegerme de la persona que me estaba disparando, pues yo pensaba que él estaba detrás de mi siguiéndome. Así que me tiré al suelo de su apartamento y tomé la pistola que llevaba en mi cintura y apuntaba hacia la puerta esperando que él apareciera, pero eso nunca ocurrió, sino que ellos se fueron del lugar. Dios continuaba respondiendo a las oraciones de mi madre pues la muerte estuvo bien cerca de mí, pero Dios me continuaba protegiendo. Dios usó esta mujer que estaba en el balcón para alertarme del peligro eminente que estaba detrás de mí y que yo no me había percatado en ningún momento. Luego de darme cuenta de que ya se habían ido del lugar, procedí a bajar para ver dónde estaba mi amigo. Me di de cuenta que por donde yo había corrido habían rotos de las balas en la pared; pero ninguna llegó a tocar mi cuerpo ni me hizo daño alguno.

Este evento parecía que Dios había detenido el tiempo para darme la oportunidad de mirar hacia atrás luego de escuchar a la mujer que me gritaba desde el balcón, voltearme, gritarle a mi amigo para que corriera, adicional poder empujarlo y yo poder correr. Todo esto ocurrió mientras esta persona estuvo detrás de mí mucho antes que la mujer del balcón me gritara. Siempre tengo en mi mente hasta el día de hoy que el individuo qué me disparó, se estaría cuestionando cómo era posible que yo pudiera salir ileso de ese evento.

Él estaba en una posición muy fácil para matarme y mientras me disparaba en línea recta las balas se desviaban y le pegaban a la pared. Recuerdo que al llegar a mi casa esa noche mi novia, que ahora es mi esposa, me comunicó que ella estaba en mi casa con mi mamá cuando escuchó los disparos, porque nosotros vivíamos a una distancia muy cerca del caserío donde yo me encontraba. Ella me cuenta que mi mamá le decía que esos balazos fueron dirigidos hacia su hijo sin ella saber que yo estaba envuelto. Mi hermano menor comenzó a tener sueños donde me veía en un ataúd y a mi mamá constantemente la encontraba llorando y desesperada por la situación en que yo me encontraba. Ella tratando de ayudarme buscaba hermanos de la Iglesia para hacer servicio en su hogar para orar por mí y ponerse en intercesión por mi vida. A veces yo llegaba y veía a los hermanos de la Iglesia en mi casa cantando coritos cristianos y mi mamá me detenía para que ellos orarán por mí, lo cual yo no estaba interesado porque estaba muy ciego en el mundo en que me encontraba. Mi madre hizo todo lo necesario en su capacidad para que Dios alcanzará mi vida y la pudiera cambiar. Pero sabemos que Dios es un Dios que no llega tarde ni temprano, sino justo a tiempo y que la oración de mi madre había llegado delante de Dios. Era cuestión de tiempo para que mi correr en este mundo oscuro se detuviera y que yo estuviese dispuesto a escucharlo. La Palabra de Dios nos enseña en el libro de Jeremías 33:3, "Clama a mí y yo te responderé y te enseñaré cosas grandes y ocultas que tú no conoces." Este versículo se había hecho real para mi madre y pronto sería real en mi vida.

Luego de ese incidente donde por poco me matan, los del grupo rival volvieron a atacarnos y esta vez mataron a otros amigos del grupo. La situación se había puesto muy grave al punto de que mi familia ya no podía resistir el peligro en el que me encontraba. Me aconsejaron y me convencieron para que me fuera un tiempo con mi cuñado al estado de Mississippi en Estados Unidos. Y así lo hice. Al principio fue extraño adaptarme. Ya no tenía a ninguno de los que me rodeaban y tampoco estaban cerca los lugares que frecuentaba. Me tocaba adaptarme a este nuevo lugar. Pero, aunque no andaba en el mundo de las drogas o la santería como lo hacía en Puerto Rico, todavía andaba en un estilo de vida que no era beneficioso para mí. Porque la vida de un ser humano no es cambiada porque decidimos movernos a otro lugar, sino que nuestra vida es transformada cuando rendimos nuestra vida a los pies de Cristo y lo aceptamos como Señor y Salvador de nuestras vidas. Es entonces cuando verdaderamente comienza un cambio en nuestra vida de adentro hacia afuera. Luego de estar un tiempo con mi cuñado, a él le bajaron órdenes para ir a Japón porque era militar. Me encontraba sin ningún lugar donde ir, regresar a Puerto Rico por el momento no era una opción y quedarme solo allá tampoco. Así que decidí unirme a las Fuerzas Armadas de los Estados Unidos. La primera unidad donde me enviaron fue a Alemania. Luego de estar unos meses allí recibimos una misión para ser parte de las Naciones Unidas. Teníamos que ir a Macedonia, a una provincia de lo que era Yugoslavia, porque allí se había desatado una guerra donde estaba ocurriendo genocidio y estábamos en ese lugar para evitar la guerra que ya estaba ocurriendo. Luego de estar sirviendo allí por varios meses, recuerdo un día particular que estaba poniendo Guardia al frente de unos edificios donde se reunían los diferentes países de las Naciones Unidas. De repente, mi Sargento Mayor me dijo que el coronel quería hablar conmigo, así que me pidió que le entregara mi rifle de trabajo a mi sargento y que luego él me iba a traer de regreso otra vez a mi posición. A todo esto, no sé lo que está ocurriendo, pero al escuchar que mi Sargento Mayor me decía que el coronel quería hablar conmigo y cómo yo era un soldado nuevo, pensé que me iban a subir de rango pero no es costumbre que el coronel hiciera ese tipo de ceremonia. Llegué delante de él siendo escoltado por mi Sargento Mayor y la policía militar. Me puse en posición de atención, le di el saludo militar y esperé por las instrucciones que él me iba a dar. Él comenzó a hablar conmigo y a decirme que yo era un buen soldado, pero luego de esas palabras positivas comienza a decirme; "Tiene el derecho a guardar silencio. Cualquier cosa que diga puede y será usado en su contra en un tribunal de justicia. Tiene el derecho de hablar con un abogado. Si no puede pagar un abogado, le será proveído uno a costas del Estado". Me di de cuenta que me estaba leyendo mis derechos legales antes de que la policía militar me arrestará. Mi cuerpo empezó a temblar y mis rodillas pegaban la una con la otra porque no estaba entendiendo lo que estaba ocurriendo, pues luego que me dice que era un buen soldado de momento cambia y comienza a hablarme mis derechos. Le indica al policía militar que me pusiera las esposas de las manos y de los pies. El coronel luego procedió a decirme que yo era un fugitivo de la justicia y qué los policías federales me estaban buscando por unos asesinatos. Salí caminando de su oficina esposado de manos y pies, caminando hacia un avión militar mientras todos los soldados están espantados de ver la escena al verme encadenado caminando en medio de ellos.

La razón por la cual mi Sargento Mayor no me había dado detalles del verdadero por qué de la conversación que iba a tener con el coronel era porque yo tenía un rifle en las manos y al él saber la información de antemano, pensó que yo era peligroso y que podía reaccionar de una manera violenta. Aquel día parecía que se me estaba cayendo el mundo encima y que ahora mi vida daba un giro hacia un lugar que yo nunca pensé que iba a terminar. Sentía como si una nube oscura se había asentado sobre mí. Comencé a pensar que había entrado al Ejército para cambiar mi vida, pero ahora mi pasado me estaba persiguiendo y logró alcanzarme en el lugar y de la manera que menos esperaba. Luego de haberme subido a un avión, me llevaron hacia Alemania donde luego estarían transfiriéndome para Estados Unidos y finalmente a Puerto Rico donde se me habían radicados cargos y donde había una orden de arresto y extradición para confrontar los cargos que había en contra de mi persona. Una vez que llegué a Alemania, me pusieron en una cárcel militar mientras esperaba extradición para los Estados Unidos. Estando allí pusieron dos soldados militares a custodiar mi celda por 24 horas. Recuerdo que si iba para el baño tenía que ser acompañando por los dos soldados armados y de la misma manera, si quería cepillarme los dientes uno de ellos aguantaba su pistola mientras el otro abría la reja para cuidadosamente poner el cepillo de dientes y la pasta en mis manos y luego cerrar las rejas. Mi celda tenía adentro una cámara para vigilarme continuamente aparte de los soldados armados. Una carta escrita por el Departamento del Army decía que yo era altamente peligroso, así que ellos procuraban tener una gran vigilancia en todo lo que hacían conmigo.

Durante todo este tiempo nunca supe que era un fugitivo de la justicia en mi país de Puerto Rico y que había acusaciones serias en contra de mí. Luego llegó el momento dónde me iban a sacar de esta cárcel temporal en Alemania para extraditarme a los Estados Unidos de América.

Estaría escoltado por un soldado militar que me entregaría a la Policía Federal una vez que yo llegara al aeropuerto de Estados Unidos. Ese soldado militar medía algunos 6 pies 4 pulgadas de alto, era físicamente musculoso y de raza afroamericana. Cuando íbamos camino al aeropuerto él me dice que no podía encadenarme de manos y de pies porque íbamos a viajar en un vuelo de muchas horas. Las leyes no se lo permitían así que me dio una advertencia cuando me dijo que si yo intentaba correr, no me iba a ir muy bien. Mientras él me daba esa explicación, yo le miraba los brazos musculosos y su altura y en ningún momento en mi mente pasó el deseo de tratar de correr de él. Así que, a donde él se movía, yo me movía con él sin hacer preguntas y sin perderle el rastro en ningún momento. Recuerdo que luego de largas horas finalmente llegamos a los Estados Unidos al estado de Filadelfia. Cuando el avión aterrizó escuché el piloto decirles a los tripulantes que nadie se moviera de sus sillas porque había alguien que tenía que salir primero del avión y esa persona era yo. Al mirar por la ventana del avión me percato que estaba rodeado por muchos policías y carros de policías. Cualquiera diría que el presidente de los Estados Unidos estaba en ese avión con tanta policía y protección que había alrededor de él. Tan pronto la azafata abrió la puerta para yo salir, inmediatamente la Policía Federal le dijo al soldado del ejército americano que ellos tomaban total custodia de mí, así que pusieron mis manos contra la pared y me encadenaron de manos y de pies. Nunca pensé que iba a pasar una gran vergüenza al salir encadenado como un animal por todo el aeropuerto.

Inmediatamente me pusieron en un vehículo que me llevaría a una cárcel en Filadelfia mientras esperaba que vinieran a buscarme los agentes de la policía de Puerto Rico para extraditarme. Una vez llegué a la cárcel de Filadelfia, me pusieron solo en una celda que estaba fría y vacía. Cuando cerraron la reja de esa celda fue que entonces la realidad me golpeaba en la cara y me di de cuenta de todo lo que había ocurrido hasta ese momento. No era un sueño ni una pesadilla, sino que mi vida había tomado un giro y no sabía en qué dirección iba. Algo inesperado sucedió cuando estaba encerrado allí por 24 horas al día. De momento sentí una presencia que llenó esa celda, lo cual yo no veía nada, simplemente sentía que aquel lugar había sido invadido por algo sobrenatural. En aquel momento me di de cuenta que esta presencia sobrenatural era nada más y nada menos, que la presencia de Jesús que llegaba en el momento más difícil de mi vida y donde mi mente estaba totalmente confundida por lo que estaba ocurriendo. De momento lágrimas comienza a bajar por mis mejillas y yo sabía que Jesús me estaba visitando en aquel momento. Procedí hablar en voz alta con aquella presencia que era real y a la misma vez poderosa. Comencé a decirle a Jesús que yo sabía que él estaba allí y que no entendía cómo él me visitaba después de haberle dado la espalda por tanto tiempo. Así que le confesé a Jesús que había experimentado todo lo que el mundo me había ofrecido. Había reconocido hacia dónde este mundo en que yo vivía me había llevado, pero que si él tenía algo mejor que lo que yo había experimentado, pues estaba dispuesto en abrir mi corazón a él y aceptarlo como Señor y Salvador de mi vida para así experimentar algo nuevo.

En ningún momento estaba rindiendo mi corazón a Jesús para que me ayudara a salir de ese lugar, sino que me di de cuenta que todo lo que había hecho en mi vida se había desmoronado y que no tenía valor alguno. Sentía la necesidad de experimentar algo nuevo que llenar el vacío que había en mi corazón y fue así donde yo le di la oportunidad a Jesús para que me mostrará algo nuevo y transformador que pudiera cambiar mi vida. Aquel día comenzó y fue el principio de algo poderoso que yo no entendía, pero sabía que era mucho mejor de lo que yo había experimentado en el pasado. Allí comenzó algo nuevo y diferente donde yo le daba el timón de mi vida a Jesús para que ahora él me guiará a puerto seguro. Luego de estar en la cárcel de Filadelfia por un período de tiempo finalmente llegaron dos policías federales (Marshall) para llevarme extraditado a la isla de Puerto Rico para confrontar los cargos que había sobre mí. Me esposaron de manos y de pies y nuevamente tuve que caminar por en medio de las personas en el aeropuerto y esta vez dentro del avión comercial donde todos podían ver que había una persona peligrosa en el avión. En el momento de servir la comida en el avión, le pedí a los policías federales que me soltaran las esposas de las manos para poder comer, lo cual ellos contestaron de manera negativa diciendo que eso no iba a ser posible, así que yo con las manos esposadas tuve que comer mi cena haciendo lo mejor posible para llevarme la comida a la boca. No sé si ellos pensaban que a 34000 pies de altura yo me podía escapar del avión. A ese extremo me estaban tratando porque pensaban que yo era extremadamente peligroso. Cuando finalmente el avión llega al aeropuerto de Puerto Rico veo la misma situación que me había pasado cuando llegué a Filadelfia, pues cuando miró por la ventana había muchos policías rodeando el avión y cuando yo salí primero que los demás tripulantes dentro del avión, ya la policía de Puerto Rico me estaba esperando. En el momento que la policía me escoltaba para subirme a un vehículo policial, fueron interceptados por varios reporteros de las noticias dónde me hicieron preguntas acerca de si yo era inocente o culpable de los cargos que se me imputaban.

Antes de ser extraditado a Puerto Rico, mi mamá tuvo un sueño dónde me veía esposado de manos y de pies y se lo comentó a una hermana en Cristo. Ella le describió cómo me había visto pero esa hermana le contestó de que yo estaba en el Ejército y que eso no era posible. Adicional al sueño Dios también le indicó a mi mamá que ayunara por 10 días solo con legumbres porque lo menos que ella pensaba era que iba a ver a su hijo esposado de manos y de pies y siendo extraditado a Puerto Rico. Fue la manera en que su espíritu se preparaba para lo que vendría. Pasaron varios días cuando de momento mi mamá estaba viendo la televisión y aparece un boletín de última hora donde comunicaban que habían arrestado a Raúl Quiñones y me apodaron el "Hombre de Macedonia" porque en una misión de esa provincia que era la antigua Yugoslavia, fue donde me habían arrestado. En ese momento mi mamá ve a su hijo al que había criado en el evangelio desde niño, esposado de manos y de pies. Dios de antemano la preparó con un sueño y con un ayuno lo cual la sostuvo en el momento que experimentó lo que veía a través de la pantalla de su televisión. Me llevaron delante de un juez y el juez determino darme una fianza de 7 millones de dólares y me pusieron cargos por 4 asesinatos, intento de asesinato y 21 cargos por ley de armas. De ser condenado me esperaban 305 años de cárcel.

Tras no poder pagar la fianza, me ingresaron a una institución carcelaria llamada "El Oso Blanco" en Rio Piedras, Puerto Rico. Allí en esa cárcel había como algunos siete u ocho confinados adicionales en la sección que donde yo estaba y le llamaban la "Unidad de Tratamiento Intensivo." Las celdas estaban abiertas en todo tiempo. Dentro de la institución carcelaria existía y aún existe, una organización de presos llamada la "Asociación Ñeta", los cuales tienen sus propias leyes internas para ellos poder mantener el respeto y la convivencia entre los confinados. Cuando llegué a mi sección carcelaria el Guardia me preguntó que si yo era Ñetas o si era parte del otro grupo también existente en la cárcel, a lo cual yo no tenía ninguna experiencia para saber dónde tenía que estar. Así que él me preguntó por los cargos que se me habían presentado e inmediatamente me dijo que yo tenía que estar con el grupo de los Ñetas.

Cuando entré a la sección, uno de los confinados me dice que mi celda era la última al final del pasillo. Mientras yo me dirigía hacia mi celda me di de cuenta que un preso tenía varias cuchillas en sus manos, de las que se hacen dentro de la cárcel y las estaba afilando para luego guardarlas. Durante los primeros días yo no pude dormir porque comencé a pensar si existía la posibilidad que uno de mis enemigos en la calle estuviese allí y que esa iba a ser su oportunidad para terminar con mi vida. Así que me levantaba tarde en la noche para verificar que todos los presos estuviesen durmiendo antes que yo procediera a descansar. Para mi sorpresa la gracia de Dios que ahora estaba sobre mí como hijo de Dios, hizo que yo cayera bien entre ellos.

Los confinados que estaban conmigo empezaron a crear un respeto por mí porque sabían que yo era cristiano y que mis acciones era un reflejo de que Dios había cambiado mi vida. Procedí a explicarle a todos ellos las acusaciones que había en mi contra y recuerdo que estábamos reunidos en un círculo y ellos pudieron entender mi posición de inocencia ante las acusaciones que habían delante de mí. Fue curioso porque cuando yo terminé de exponer mi situación legal, otros empezaron a responder de que ellos también eran inocentes y que su caso fue fabricado, por lo cual uno de los confinados con sarcasmo y en broma le dijo a los demás: "yo creo que Raúl es inocente pero ahora ustedes de momento quieren hacerse inocente también cuando todos sabemos que estamos aquí, por cosas que hicimos y ahora ustedes escuchan esta historia y creen que también son inocentes." A las expresiones de este confinado los demás se empezaron a reír porque él lo dijo haciéndole saber que mi caso era totalmente diferente al de todos ellos. Frecuentemente van predicadores de la comunidad a predicar dentro de las instituciones penales y estando allí vino un evangelista para ministrar la Palabra de Dios. Después de haber impartido la Palabra a nosotros los confinados, él nos pidió que nos tomáramos de la mano para orar todos juntos. De repente mientras el oraba yo sentí que algo entró por mi cabeza como si fuese un rayo qué me penetró y de momento sentí cómo algo se había desprendido de mí. En ese momento comencé a gritar a todo pulmón palabras de adoración y alabanza a Dios. No entendía por qué yo estaba reaccionando de esa manera. Pude entender luego que Dios me había bautizado con su Espíritu Santo y fuego y que me estaba preparando para una encomienda que todavía no entendía totalmente.

Cuando comencé a adorar al Señor en voz alta los presos me miraban, yo sentía que estaba caminando por las nubes cuando una paz sobrenatural se apoderó de mí. Luego comencé a profetizarle a los presos sin saber lo que eso significaba y comencé a hablarles sobre el llamado que Dios les hacía para que tornaran sus vidas a Él. Los presos comenzaron a llorar porque estaban respondiendo a una palabra entera de parte de Dios. Yo no sabía lo que era la profecía ni tampoco podía entender lo que le estaba hablando a los demás confinados, pero era como que si el Espíritu Santo de Dios se apoderara de mi boca para traer un mensaje a ellos. Aquella noche, en aquel lugar la presencia de Dios era tan fuerte y palpable que todos sentíamos cómo Él se movía en medio de nosotros. Es increíble cómo la presencia del Espíritu Santo puede entrar en un lugar oscuro donde las personas están ahí por delitos que han cometido; pero Dios llegó al lugar oscuro para traer su luz en la vida de todos los que nos encontrábamos en aquel lugar. Por eso la Palabra de Dios dice en Juan 3:16 "De tal manera amó Dios al mundo que dio a su hijo unigénito para que todo que en él crea no se pierda más tenga vida eterna porque Dios no envió a su hijo a condenar al mundo sino a salvarlo por Él."

Aquel día, cuando terminó el servicio en la capilla de la cárcel, fui inmediatamente a mi celda y me tiré de rodillas. Le dije a Dios que me usara como usaba a él Evangelista Yiye Ávila. Obviamente era ignorante en lo que estaba pidiendo, pero recuerdo que a los 5 años en el Madison Square Garden de Nueva York, por primera vez vi a este hombre de Dios el cual mi mamá me había hablado. Le pregunté a mi mamá que si él me podía sanar porque yo padecía de hemorragia por la nariz y cada vez qué me acostaba a dormir mi almohada en la mañana estaba inundada de sangre. Así que, como vi personas siendo sanas en aquella campaña, esa fue la razón por la que me expresé de esa manera. Pero mi mamá me hizo saber que él no me podía sanar, sino que Dios lo iba a hacer usando a ese siervo de Dios para que orara por mí. Tenemos que tomar en cuenta que somos una influencia para bien o para mal, dependiendo de las decisiones que tomemos. Este hombre de Dios tuvo un impacto en mi vida de tal manera que después de muchos años recordé su ministerio.

En aquella sección de la cárcel donde me encontraba comencé a hacer una influencia positiva en mis compañeros. No solamente con palabras sino con testimonio de lo que Dios estaba haciendo en mi vida. Luego de estar allí por un tiempo determinado, la institución penal tomó la decisión de ponerme en un lugar más restringido debido a los cargos que reposaban sobre mí. Así que me pusieron en una cárcel de máxima seguridad llamada "El Monstruo Verde" donde estaba encerrado por 24 horas al día 7 días a la semana y solamente nos sacaban por una hora semanal. Tenía ese nombre porque estaba rodeada de montañas y era fuertemente custodiada. Cuando me movieron de una cárcel menos restringida y me colocaron en esta tan controlada fue un impacto para mí, el cual hizo que cuestionara mi relación con Dios. Empecé a preguntarme cómo era posible que Dios permitiera que ahora yo fuese a un lugar peor al que me encontraba. Pero Dios, que conoce los planes y los propósitos que tiene con sus hijos, sabe lo que es mejor para nosotros. Dios trabaja por propósitos y planes que se alinean con lo que Él tiene diseñado para cada uno de nosotros. Lo que tenemos que hacer es confiar en Él y permitir que en su soberanía y poder se haga cumplir sus planes en nuestras vidas. Estando en este nuevo lugar me pusieron a compartir la celda con un confinado que le faltaba un ojo y que fue adicto a las drogas. Este confinado apenas recibía visita y pero fue el lugar en el cual me pusieron. Me di de cuenta que este confinado no tenía el televisor de 12 pulgadas que solamente les permitían a los presos tener y tampoco tenía ningún medio de comunicación como un radio para entretenerse. La celda tenía la ducha adentro y toda lo necesario para que no pudiera salir de ese pequeño lugar. Traté de ver si me podían cambiar con otro confinado que tan siquiera tuviese un televisor para poder por lo menos tener algo para pasar el tiempo, pero cuando trataba no se me daba la oportunidad. Mi mamá me envió una Biblia y un radio pequeño dónde comencé a leer la Palabra como si fuera otro libro más, pues no tenía mucho conocimiento en cuanto a la Palabra de Dios. También empecé a escuchar las predicaciones y la emisora cristiana que podía recibir a través de la radio. Le hice saber a mi compañero de celda que yo era cristiano así que compartíamos la radio para escuchar juntos el mensaje que daban todas las noches. Como no tenía mucho que hacer terminé de leer la Biblia y le comenté a mi compañero de celda que había terminado de leerla. Él me contestó que la Biblia era un libro que nunca se termina así que me aconsejo volverla a leer, aunque él no era cristiano. Dios lo estaba usando para motivarme a crecer en mi relación con Dios y al mismo tiempo ser de testimonio a él. Un día mientras el guardia de la cárcel pasaba para hacer sus vigilancias y guiado por el Espíritu Santo me atreví a detenerlo para hablar con él y preguntarle si había la posibilidad de que saliera de mi celda para predicarle a los presos lo cual eso nunca había pasado en ese lugar. Le comenté que yo era cristiano y en ese momento él me miró con esos ojos como diciendo: claro que eres cristiano por eso estás aquí. Pero cuando Dios está en el asunto no hay nada que pueda detener el plan de Dios, así que durante la conversación él me dijo que lo aprobaría y que podía predicar después de la última comida del día.

Aun así había otro obstáculo: la organización dentro de la cárcel llamada "La Asociación Ñeta" la cual, como les había dicho tiene sus reglas. Yo tenía que hablar con el que estaba a cargo de nuestra sección para que me diera el permiso para que todo se llevara a cabo. Me encontraba en el tercer piso de la sección carcelaria, pero el líder estaba en el primer piso así que tuve que gritarle a él para informarle sobre la proposición que tenía de poder predicar a todos los confinados. El procedió a llamar a todos los presos para que se acercaran a las rejas de sus celdas para escuchar la propuesta de mi deseo de predicarles en la cárcel. Para mi sorpresa todos los presos comenzaron a gritar desde sus celdas diciendo que ellos apoyaban la idea de yo poder predicar ahí y mi corazón se llenó de tanto contentamiento que no podía expresarlo con palabras. Así que me acordé del Evangelista Yiye Ávila el cual mi mamá me habló como un ejemplo a seguir. Me enseñó que él antes de una campaña procedía a ayunar y orar para que Dios lo respaldará durante los eventos que él hacía. Era difícil ayunar en esta cárcel porque era poca la comida que recibía y sabía que era de vital importancia que yo ayunará, orará y estudiará la Palabra de Dios. Así que me encomendé al Señor en oración para que me ayudara a través de todo este proceso. Lo que el guardia penal y los presos no sabían era que yo había tenido un encuentro con Dios en aquel lugar dónde mi vida había sido salvada y comenzaba a ser transformada por el poder del Espíritu Santo.

Aquel impulso que sentía de predicar no venía de mis propios deseos o emociones, sino que el Espíritu Santo me estaba motivando e impulsando a cumplir el propósito por el cual yo había llegado allí. Dios estaba poniendo su querer y hacer por su buena voluntad en mi vida así que yo era guiado por su Santo Espíritu. Debemos de reconocer que cuando Dios está en el asunto de abrir puertas para usarte no hay nada, ni nadie, que pueda detener el mover de Dios en nuestras vidas y a través de ellas. No solamente Dios me salvó en aquel lugar, pero quería que fuese un instrumento en sus manos para que otros disfrutaran de la libertad que había encontrado en Cristo Jesús. Mi tercer y último problema para predicar era que no sabía cómo predicar, pero me acordaba de mi maestra de escuela dominical cuando era niño que me enseñó historias de la biblia. Una de esas historias era la de David y Goliat. Cuando llegó el día para salir a predicar todos los presos se pegaron a las rejas y el policía me dejó salir y me colocó en un lugar donde todos los presos en los diferentes pisos me podían ver. Estaba muy nervioso, pero a la misma vez sentía la valentía que el Espíritu Santo me daba. Recuerdo que de niño los servicios empezaban con varios cánticos lo cual yo comencé a utilizar y procedí a decirle a los presos que me acompañaran en una corito el cual se titulaba; "Yo Tengo Un Gozo En Mi Alma." Yo pensaba que los presos me iban a acompañar mientras cantaba, pero todos se me quedaban fijamente mirando y luego de un rato terminé mi corito y comencé a predicar. El mensaje fue tan corto como mi experiencia como predicador, pero me atreví a hacerlo lo cual me hizo sentir muy bien luego. Procedí a hacer un llamado el cual había aprendido de niño en la iglesia cuando mi mamá me llevaba y ese día nadie respondió al llamado de Dios, pero no me sentí desanimado. A veces hacemos algo para el Señor e inmediatamente pensamos que vamos a ver resultados cuando en verdad Dios trabaja conforme a su tiempo y su voluntad y simplemente nos queda hacer el trabajo que Él nos envió y dejarle los resultados a Él.

Pasó una semana cuando volví a pedirle guardia penal de la cárcel que me dejara nuevamente salir a predicar. En la segunda vez que salí ocurrió prácticamente lo mismo pero cada vez me sentía con más confianza y control pero en el ambiente se sentía que algo estaba sucediendo. La tercera vez que salí a predicar algo surgió que para mí fue inesperado porque cuando comencé el servicio con un corito, los presos comenzaron a cantar juntamente conmigo, levantaban las manos y brincaban en sus celdas. Aún el guardia penal que estaba allí vigilando me pidió permiso si podía escuchar el mensaje, a lo cual respondí con afirmación pues él es el que estaba a cargo de la autoridad en aquel lugar. Él tuvo que haber visto algo diferente en el ambiente para dirigirse a mí de esa manera. Luego del corito comencé a predicar, pero esta vez escuchaba lo que Dios quería que dijera y simplemente lo repetía y el mensaje se fue extendiendo y extendiendo. Yo no entendía lo que estaba ocurriendo porque estaba predicando como si tuviese mucha experiencia. Sabía que era la dirección del Espíritu Santo guiándome en todo momento. Al final de mi mensaje hice el llamado y les hice saber que lo más seguro había personas que se habían olvidado de ellos y que la sociedad los miraban posiblemente como un problema a la comunidad; sin embargo les comuniqué que había uno llamado Jesús que no importa lo que ellos habían hecho, Él estaba dispuesto a perdonarlos y salvarlos si ellos se rendían a Él. Para mi sorpresa los presos comenzaron a sacar las manos por las rejas y gritaban que querían aceptar a Jesús y comenzaban a llorar. Aquel lugar se había llenado de la gloria y el poder de Dios y las vidas estaban siendo impactadas por esa presencia. Comenzaron a ocurrir situaciones sobrenaturales que no podía entender, pero sabía que Dios se estaba moviendo en aquel lugar.

En una ocasión la asociación de presos iba a castigar físicamente a uno de los confinados porque había hecho algo que estaba en contra de sus reglas de cárcel y antes que él fuese a ser juzgado por ellos él se detuvo frente a mi celda y pidió que orara por él. Yo me encontraba en un tercer piso cuando de momento empecé a escuchar los golpes que los presos le daban cómo condena por lo que él había hecho al romper una de sus reglas. Cuando terminó ese juicio que ellos le habían hecho, él vuelve a detenerse frente a mí celda y me confiesa que mientras que a él lo golpeaban no sintió absolutamente nada. Yo sabía que Dios había contestado a mi oración y a la fe que él puso en Él. Con el tiempo comenzaron las vistas en el tribunal en el caso en que me estaban acusando de varios asesinatos y leyes de armas. En una de las visitas, camino a la corte, me fijé que estaba siendo escoltado el vehículo en que yo me encontraba, por otros vehículos al frente y detrás y un helicóptero también estaba volando sobre nosotros todo el tiempo hasta el tribunal. No sabía el por qué tenía tanta protección policiaca hasta que conocí al otro confinado que estaba en mi vehículo. Esta persona era bien conocida en el bajo mundo como un gatillero el cual estaba siendo extraditado desde Colombia a Puerto Rico. Estando en el vehículo que nos transportaba, escuché la voz de Dios que me habló a mi corazón y me dijo que le ministrara acerca del plan de salvación. Me presenté a él y le dije mi nombre y el me preguntó por qué yo estaba en la cárcel. Cuando le compartí los cargos que tenía él me contestó que sus casos eran más peligrosos que los míos porque él estaba acusado de varios asesinatos y estaba siendo extraditado. Eso no impidió que yo pudiera hablarle de Jesús y sin tener temor de con quién hablaba.

Mientras nos transportaban comencé a hablarle de Jesús y para mi sorpresa él estuvo dispuesto a aceptar a Jesús como Señor y Salvador de su vida. Yo estaba experimentando cosas que no podía explicar, pero estaba siendo un instrumento en las manos de Dios para que todo el que venía en contacto conmigo le pudiera hablar del amor de Jesús. Mas adelante en una celda en el tribunal esperando para ver a un juez, me encontré con un joven que había asesinado a su hermana porque bajo los efectos de las drogas escuchaba una voz que le decía que la matara. Lo pude reconocer porque uno de los confinados que esperaba también conmigo me dijo quién era porque su caso había salido en las noticias. Su cara se veía triste, sus ojos apagados y perdidos. Nuevamente escuché la voz de Dios indicándome que le hablara del amor de Jesús, así que me acerqué a él y le dije mi nombre y comencé a evangelizarlo con el mensaje de salvación. Cuando le pregunté si quería aceptar a Jesús como Señor y Salvador, él también afirmó que quería aceptarlo y recibir la salvación que Jesús le ofrecía. En esos momentos que yo escuchaba la voz de Dios que me impulsaba a hablarle a los confinados, también sentía una valentía y una compasión que no podía explicar. El Espíritu Santo me daba la capacidad de ministrar a la persona conforme a su necesidad.

Continuaba pasando el tiempo mientras la fiscalía seguía buscando información en contra de mí y también mis abogados buscaban evidencias de mi inocencia. Iba al tribunal y por alguna razón a veces tenían que posponer la vista porque el testigo que la fiscalía tenía no se encontraba listo para testificar. Mientras tanto pasaban los meses, pero Dios seguía sosteniéndome a través de todo este tiempo y usándome para predicar Su Palabra.

Muchas veces pasa el tiempo y nos preguntamos por qué no se resuelve nuestra circunstancia, pero Dios es un Dios que trabaja por propósito y no por tiempo humano, sino conforme a su divina y perfecta voluntad. Aunque yo seguía esperando que se viera mi caso, sabía que no estaba perdiendo el tiempo, sino que el Señor seguía trabajando en mí y a través de mí para cumplir su plan. En otra ocasión nuevamente me dirijo al tribunal en un bus que lleva a los confinados hacia la corte en el pueblo de Bayamón, Puerto Rico y dentro de ese vehículo había varios confinados conmigo que también iban a ver sus casos en la corte. De momento veo que uno de ellos saca una llave para abrir las esposas de sus manos y pies y comienza a pasar esta llave para que los demás confinados que estaban dentro del vehículo se pudieran soltar.

Los guardias que guiaban el bus no podían ver lo que estaba sucediendo en la parte de atrás del vehículo. Uno de ellos me pregunta que si estaba dispuesto a escaparme con ellos porque ellos estaban esperando la oportunidad para que cuando se abriera la puerta del bus, ellos pudieran atacar los guardias y escaparse. Según uno de ellos, habían escrito una carta a personas afuera que estaban supuestas a interceptar el vehículo para ellos hacer ese gran escape. Yo les dije a ellos que no me podía escapar con ellos porque era inocente de mis casos, pero a la misma vez me preguntaba qué podían hacer ellos en contra de mí si ellos atacaban a la policía y yo me quedaba. También me preguntaba qué sucedería si ellos les hubiesen hecho daño a los guardias penales y cuando los policías llegaran y me viesen solo dentro del bus cómo iban a reaccionar en contra de mí. Me encontraba en un gran dilema sin saber qué hacer, pero comencé a orar en mi mente y a decirle a Dios que no permitiera que los planes de estos confinados se hicieron realidad puesto que mi vida estaba en riesgo si ellos continuaban con el plan que tenían. No pasaron ni 10 minutos cuando terminé mi oración y ellos comenzaron a cerrarse las esposas de las manos y de los pies y cambiaron su conversación. Eso fue para mí algo sumamente impactante cómo Dios trastornó los planes que ellos tenían para preservar el propósito que tenía para conmigo.

Luego de varios meses de estar confinado, finalmente llegó el momento de presentar la fiscalía su evidencia con un testigo en contra de mí y al mismo tiempo mis abogados tenían las evidencias que mostraban mi inocencia. Cada vez que iba al tribunal la sala se encontraba llena de personas incluyendo el personal de las noticias. Continuamente me entrevistaban en cuanto a mi caso para ver como respondía a las acusaciones que había en contra de mí. Siempre le hacía saber que era inocente y que Dios tenía el control sobre todo lo que estaba ocurriendo. Era muy difícil y doloroso ver a mi mamá y en aquel momento a mi novia, que ahora es mi esposa, con mi niña y que fuesen a la cárcel a visitarme para verme en un lugar tan triste y solitario. Mi mamá cuando iba a verme a la cárcel trataba de contener el deseo de llorar para que así no me preocupara, pero podía darme de cuenta del sufrimiento que estaba pasando. Mi mamá nunca me soltó de sus oraciones y es una mujer de fe que confiaba en Dios con todo su corazón, pero cuando me visitaba siempre le daba testimonio de lo que Dios estaba haciendo en mí y a través de mí. La fiscalía presentó su único testigo que decía que yo me encontraba en el lugar donde ocurrieron los asesinatos y que era uno de los líderes del grupo y que por eso él me podía identificar. El testigo decía que yo fui la persona que mató a su hermano donde ocurrieron los asesinatos. Ese mismo testigo fue responsable de poner a varias personas que eran parte de nuestro grupo bajo cadena perpetua con su testimonio y el último que faltaba para acusar era yo. Lo que la fiscalía no sabía era que cuando ocurrieron esos asesinatos, me encontraba fuera de Puerto Rico viviendo en el estado de Mississippi. Luego de saberlo, alegaron que tenía la capacidad de ir a Puerto Rico para ir a matar y luego regresar a Mississippi, porque según ellos, la distancia no era muy lejos. La intervención de Dios preparaba todo para que no hubiera oportunidad de dudas en cuanto a mi inocencia, porque sin saberlo cuando ocurrieron estos asesinatos yo salí a buscar trabajo ese mismo día y para ese entonces todavía no era cristiano. Aunque todavía en ese momento no era Cristiano, Dios siendo soberano y con la capacidad de ver el futuro ya estaba preparando todo el escenario para mi bien. Cuando fui a la entrevista de trabajo yo quería que me dieran el horario de por la mañana pues no quería trabajar de noche en ese restaurante de comida. El gerente procedió a darme el trabajo, pero me dijo que el único turno que me podía ofrecer era el de la noche. Yo no estaba muy contento con el horario, pero lo tomé porque necesitaba el trabajo. Lo que no sabía era que la mano de Dios estaba obrando en todo porque en un futuro muy cercano se acercaba una tormenta de prueba hacia mi vida, dónde iba a ser acusado por asesinatos y que mi vida estaba destinada a ser confinado por el resto de mi vida de ser hallado culpable.

Muchas veces nos enojamos cuando las cosas no salen como queremos sin saber que Dios está alineando todo para prevenirnos de cosas futuras que nos vienen a hacer daño. Tenemos que aprender a confiar totalmente en Él aun cuando no tenemos todos los detalles. Mis abogados procedieron a buscar en Mississippi al dueño del negocio quién era un blanco americano, para que presentara la información que él tuviese para mostrar mi inocencia. El día que presentaron al testigo de la defensa él presentó un talonario de trabajo y una tarjeta de ponchar que mostraba el día y la hora cuando ocurrió la masacre en

Bayamón. Dios es tan grande y poderoso que el día y a la hora que me dieron de trabajo fue el mismo día y hora que ocurrieron los asesinatos en Bayamón, Puerto Rico. Esto mostraba claramente mi inocencia. Hubiese estado preso con varias perpetuas de no haber visto una intervención de parte de Dios. Si hubiese trabajado un día después o con el horario de la mañana que yo deseaba, me ponía en la capacidad de ser culpable porque la fiscalía hubiera mostrado que yo hubiese podido ir y venir de matar y regresar a Mississippi con suficiente tiempo para hacerlo. Dios puso su mano poderosa y ordenó todas las cosas conforme a su propósito. Estando en la vista preliminar, luego que la fiscalía y la defensa de mi equipo mostrarán sugerencia, el juez ahora iba a tomar una decisión en mi caso. La sala del tribunal se encontraba llena y con una atmósfera muy tensa. Cuando llegó el momento para el juez dictar su sentencia, comenzó a decir que él quería estar seguro de que cuando se retirara no había enviado a un inocente a cumplir una condena, así que procedió a decir que el declaraba a Raúl Quiñones inocente de los casos que había en su contra y la gente en el tribunal comenzó a aplaudir y a gritar.

Los presos en la cárcel donde yo estaba asignado estaban monitoreando el caso por televisión por las noticias cada vez que yo iba al tribunal, así que ellos pudieron escuchar lo que el juez había dictaminado. El juez procedió a dar órdenes que me soltaran inmediatamente, así que me llevaron nuevamente a la cárcel a recoger mis cosas y cuando llegué allí y entré a la sección donde yo estaba y los presos comenzaron a gritar y aplaudir y decían: ¡Cristo lo hizo! ¡Cristo lo hizo! Lágrimas bajaban por mis mejillas. Cuando llegué a mi celda para buscar mis cosas abracé a mi compañero de celda y me despedí de él. Cuando caminaba por los pasillos un preso me detuvo y me dijo que ahora él quedaba a cargo de continuar predicando la Palabra de Dios. Dios hizo de lo imposible, posible y tomó en sus manos la vida de un niño que comenzó en un hogar disfuncional con una juventud delictiva y lo transformó en un instrumento para llevar un mensaje de amor, poder y transformación al mundo, ¡para su gloria y para su honra!

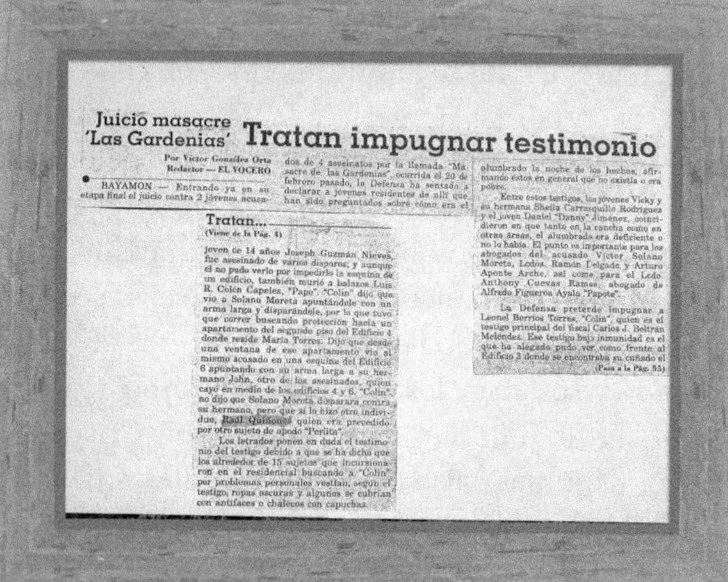

Juicio masacre 'Las Gardenias'
Tratan impugnar testimonio

Por Víctor González Orta
Redactor — EL VOCERO

BAYAMON — Entrando ya en su etapa final el juicio contra 2 jóvenes acusados de 4 asesinatos por la llamada "Masacre de las Gardenias", ocurrida el 20 de febrero pasado, la Defensa ha sentado a declarar a jóvenes residentes de allí que han sido preguntados sobre cómo era el

Tratan...
(Viene de la Pág. 4)

joven de 14 años Joseph Guzmán Nieves, fue asesinado de varios disparos; y aunque él no pudo verlo por impedirlo la esquina de un edificio, también murió a balazos Luis R. Colón Capeles, "Papo". "Colin" dijo que vio a Solano Moreta apuntándole con un arma larga y disparándole, por lo que tuvo que correr buscando protección hacia un apartamento del segundo piso del Edificio 4 donde reside María Torres. Dijo que desde una ventana de ese apartamento vio al mismo acusado en una esquina del Edificio 6 apuntando con su arma larga a su hermano John, otro de los asesinados, quien cayó en medio de los edificios 4 y 6. "Colin", no dijo que Solano Moreta disparara contra su hermano, pero que sí lo hizo otro individuo, Raúl Quiñones quien era precedido por otro sujeto de apodo "Perlita".

Los letrados ponen en duda el testimonio del testigo debido a que se ha dicho que los alrededor de 15 sujetos que incursionaron en el residencial buscando a "Colin" por problemas personales vestían, según el testigo, ropas oscuras y algunos se cubrían con antifaces o chalecos con capuchas.

alumbrado la noche de los hechos, afirmando éstos en general que no existía o era pobre.

Entre estos testigos, las jóvenes Vicky y su hermana Sheila Carrasquillo Rodríguez y el joven Daniel "Danny" Jiménez, coincidieron en que tanto en la cancha como en otras áreas, el alumbrado era deficiente o no lo había. El punto es importante para los abogados del acusado Víctor Solano Moreta, Ledos. Ramón Delgado y Arturo Aponte Arche, así como para el Ledo. Anthony Cuevas Ramos, abogado de Alfredo Figueroa Ayala "Papote".

La Defensa pretende impugnar a Leonel Berríos Torres, "Colin", quien es el testigo principal del fiscal Carlos J. Beltrán Meléndez. Ese testigo bajo inmunidad es el que ha alegado pudo ver como frente al Edificio 3 donde se encontraba su cuñado el

(Pasa a la Pág. 55)

16 EL NUEVO DIA-DOMINGO 11 DE SEPTIEMBRE DE 1994

Apela la extradición el soldado boricua detenido en Macedonia

Por CARMEN ENID ACEVEDO
DE EL NUEVO DIA

UN SOLDADO puertorriqueño destacado en Macedonia, ex república yugoslava, y a quien el Negociado Federal de Investigaciones (FBI) extradito a Filadelfia por cargos de asesinato relativos a una masacre ocurrida en Puerto Rico en febrero de 1993, apela la decisión de esa agencia de traerla a la Isla para ser juzgado por los hechos.

Raúl Quiñones Echevarría de 26 años y quien residía en la Isla hasta el año pasado cuando se enlistó en las Fuerzas Armadas norteamericanas, sometió un recurso de apelación en Filadelfia, Pennsylvania, donde esta ingresado en una prisión, tras ser extraditado de Macedonia el pasado 25 de agosto de este año.

Se espera que aunque Quiñones Echevarría esta apelando la decisión de extradición para ser juzgado en el Tribunal Superior de Bayamón por los hechos de la Masacre de

Criminal (CIC) de Bayamón, circuló la información del acusado a través del FBI. Los agentes de la Policía Carlos Horneta y Néstor López, rastrearon al

A su vez, los federales hicieron los contactos con y la oficina del FBI en Bonn, Alemania, unieron con el acusado.

EN LO QUE dejó perplejos a las autoridades estatales, Quiñones Echevarría fue detectado en Schweinsurst, Alemania, donde se encontraba pero rendía un servicio especial en Macedonia, llegaron agentes federales a arrestarlo el pasado

El hombre, quien se cree que había servido antes de reenlistar en 1993, está acusado de cuatro asesinato en primer grado y violación a la Ley tentativa de asesinato, en relación a la Masacre de las Gardenias, ocurrida en Bayamón el pasado primero

Por esos hechos está cumpliendo cadena en la Cárcel de Las Cucharas en Ponce, Víctor Solano de 27 años, hermano del notorio "Jorge "Wes" Balletta. También fueron acusados Juan "Perlita" quien todavía está prófugo y que se alega que es lugarteniente de "Wes", Alfredo Rodríguez Ayala por "Chiri" y Luis A. Agosto Figueroa, alias

"El 20 fue arrestado Quiñones Echevarría en Frankfurt y de allí, el 25 de agosto fue trasladado donde se encuentra apelando la decisión de

Se debilita...

(Viene de la Pág. 3)

tiene una hija procreada con Quiñones, sostuvo que el 20 de febrero del '93 mientras pasaba en carro acompañada por una amiga frente al Residencial Las Gardenias en Bayamón, se percató algo había pasado allí y tras enterarse de los asesinatos de 4 jóvenes, llamó a eso de las 11 P.M. a Misisipi para enterar a su novio de lo ocurrido en el residencial donde él tenía amigos y conocidos. La joven alegó que compañeros de cuarto de su novio le dijeron que él se encontraba trabajando en el turno de 4 P.M. a 12 de la medianoche y lo llamara después de esa hora. La joven lo volvió a llamar a la 1 A.M. del día 21 y le contó del incidente.

Fue después de esa declaración que el juez pidió a la defensa produjera para el 10 de enero del '95 al custodio de facturas de la Telefónica para que trajera la factura de la llamada hecha a Quiñones el día ya señalado. Pero el martes al llamarse el caso, la Telefónica informó no existía esa factura, por lo que la prueba de coartada de los abogados Ramón Delgado Rodríguez y Antonio Sagardía, quedó debilitada, aunque ellos sometieron al Tribunal copias de talonarios de cheques donde se hacía constar que su cliente trabajaba en el citado restaurant para la fecha de la masacre.

Sin embargo, el fiscal Carlos J. Beltrán Meléndez, en la vista del martes refiriéndose al cheque de febrero, trajo a colación que Quiñones recibía paga quincenal y había cobrado por sólo 17 horas de esa quincena que cubría del 8 al 21 de febrero. Quiñones así lo admitió y dijo que las 17 horas trabajadas fueron en los 2 últimos días de esa quincena pues había comenzado a trabajar en el restaurant ese día 20 recomendado por un compañero de cuarto. Quiñones también admitió que en todos los documentos suyos que ha presentado su Defensa ninguno tiene fecha de los días 20 ó 21 de febrero ni tampoco informan de los días específicos en que trabajó.

Quiñones, de 26 años, dijo al Fiscal que para febrero del '93 fue a residir con su cuñado Alberto Rivera a Gulfport, Misisipi y poco después se fue a vivir a un edificio de apartamentos. Admitió conocía a varias personas en Las Gardenias como el testigo estrella en el caso Leonel Berríos Torres "Colin" pero sólo en una actividad bailable; pero también conocía a Jorge "Wes" Solano Moreta, al hermano de éste Víctor, a otro involucrado conocido como "Perlita" y a "Chirí". Sobre Luis Agosto Figueroa "Chuco" no recuerda conocerlo. Reconoció que de los mencionados que eran miembros de la pandilla de "Wes", el único que tenía entrenamiento militar era él Quiñones, pues ha sido soldado desde abril del '89.

Quiñones dijo estuvo como un año fuera —del '92 al '93— de la Guardia Nacional de Puerto Rico y cuando se fue a Misisipi pidió el traslado a la Guardia Nacional de ese estado. Sostuvo vino a la Isla en noviembre del '93 y ese fue el único viaje que hizo y permaneció una semana aquí. Ese viaje dijo fue con el propósito de entregarse cuando se enteró por Sheila de que la Policía lo buscaba. El joven también admitió al Fiscal conocía a John Berríes (hermano de "Colin"), muerte directa con un rifle que se le atribuye por "Colin", y dijo John jugó baloncesto con él. A Quiñones además se le imputan los asesinatos del cuñado de "Colin", el joven de 14 años Joseph Guzmán Nieves, el de Luis Colón Capeles y el de Edwin Robles Carrión, y una tentativa de asesinato en "Colin".

El Lcdo. Sagardía en su informe final citó el que contra su cliente había un problema de identificación, pues "Colin" había dicho que el que disparó a su hermano era rubio y Quiñones no lo es. El Fiscal, por su parte, sostuvo que la defensa olvidó mencionar el resto de la descripción aceptada por el imputado, de que es tosco, que ha usado barba pegada, la edad aproximada y la estatura. Fue ahí que el juez decidió la defensa informara para el viernes si podía traer como testigo al dueño del Restaurant. Así la vista sigue el viernes 13 a las 9:00 A.M.

Ministro en el desierto

Como miembro del Ejército de las Fuerzas Armadas de los Estados Unidos, tuve el privilegio de servir 10 años como un infantería y líder de un pelotón de 21 soldados. Durante mis años sirviendo al Ejército tuvo el privilegio que en el 1994 fui parte de una misión con las Naciones Unidas que iba a tratar de evitar una guerra entre 2 diferentes facciones en Yugoslavia, en la provincia de Macedonia. También fui parte en el 1995 de una misión con la OTAN para también evitar la guerra entre 2 facciones que se encontraban en Bosnia. Para mí las misiones eran algo común basado en mi trabajo como infantería que siempre estamos preparados y listos para confrontar conflictos alrededor del mundo. A veces las misiones tienen como meta tratar de poner paz en lugares donde el Ejército nos envía y también tenemos la posibilidad de confrontar o estar en una guerra. En el 2003 recibimos una misión para ir a Irak porque habíamos entrado en una guerra con el presidente de esa nación llamado Sadam Hussein. Tan pronto supe y recibí toda la información que íbamos a salir para Irak, recordé un Pastor que tenía en el pasado y que nos contó que una vez recibió órdenes para ir a Corea del Sur y que justamente cuando estaba a punto de irse para esa misión que el Ejército le había dado, oró y Dios obró de una manera sobrenatural donde detuvieron su ida hacia Corea del Sur y le cambiaron las órdenes. No tuvo que ir a ese lugar.

Comencé a pensar como cristiano de que eso sería un testimonio que también Dios podía hacer en mis circunstancias y cuando recibí mis órdenes para ir a Irak hice exactamente lo mismo. Le pedí a Dios que evitará que me fuese a Irak a ese conflicto o esa guerra, ya que en ese momento estaba como Pastor de una congregación y al mismo tiempo tenía mi familia con niños muy pequeños. Lo menos que yo pensaba era que cuando nosotros tenemos nuestras propias agendas o planes sobre cómo queremos hacer las cosas, ya Dios tiene un plan perfecto y un propósito en todo lo que permite que ocurre en nuestras vidas. Dios no trabaja por casualidades ya que Dios siendo omnisciente con la capacidad de saberlo todo, omnipotente con la capacidad de ser el todo poderoso y omnipresente que tiene la capacidad de estar en todos lugares al mismo tiempo, tenía un plan completamente diferente a lo que yo le había pedido. La Palabra de Dios dice en Jeremías 33:3 "Clama a mí y yo te responderé y te revelaré cosas grandes y ocultas que tú no conoces." Lo que dice este versículo es que cada vez que oramos a Dios y clamamos, sabemos que Él nos va a responder y que cada oración tendrá una respuesta de Dios en su tiempo y a su manera. Lo que no nos garantiza ese versículo es que Dios nos va a contestar conforme a lo que nosotros deseamos, sino que nos va a revelar su propósito en cuanto a nuestra petición y su voluntad en nuestras vidas.

A diferencia del Pastor que oró y Dios le cambio las órdenes hacia el lugar donde iba a ir, Dios permitió que mi misión continuará sin retraso. Veía que el tiempo pasaba y no veía la respuesta como yo quería así que comencé a prepararme mentalmente para irme a ese lugar y preparar mi corazón para despedir a mi familia sin saber si iba a poder regresar. Iba para un campo de batalla donde no conocemos cuáles serán los resultados en ese lugar. No podía olvidar que la Palabra me enseña en Romanos 8:28 "Y sabemos que para los que aman a Dios, todas las cosas cooperan para bien, esto es, para los que son llamados conforme a su propósito." Cuando llegué a Irak luego de tantas horas de viaje, me encontré en un lugar donde la temperatura podía llegar hasta los 130° Fahrenheit, donde era un desierto, se podía percibir el dolor, la necesidad, el sufrimiento y la escasez. Entraba a un lugar que era totalmente desconocido para mí y que había llegado allí para remover a un dictador de su posición porque según nuestro gobierno, él tenía armas de destrucción para matar a personas en masas y esa era la misión que se nos había entregado.

No sabía cuánto tiempo iba a estar en ese lugar y estuve completamente incomunicado los primeros meses de mi familia, por lo que ellos no podían saber cuál era mi situación en ese lugar. Mi familia podía ver las noticias que mostraban la situación crítica de la guerra y hablaban de la cantidad de muertos que fallecían continuamente en ese lugar. ¿Puede usted imaginarse las familias que no están en comunicación porque la guerra había comenzado y no sabían si algún día iban a recibir la lamentable noticia de que su esposo o el padre de sus hijos había fallecido en combate? Íbamos con una misión sin saber si íbamos a regresar, pero Dios tenía una misión mayor para el Sargento Raúl Quiñones que estaba a cargo de 21 soldados infanteros en combate.

Me encontré en diversas misiones buscando al enemigo en diferentes lugares y experimenté cosas muy tristes durante esas misiones. Me acuerdo haber entrado a una casa buscando al enemigo o personas que nos habían dicho que eran importantes dentro del Ejército de Sadam Hussein y teníamos que patear las puertas para entrar a esas casas con información que habíamos recibido. A veces no encontrábamos a las personas, pero nos topábamos con madres y niños pequeños llorando y gritando porque pensaban que nosotros íbamos a eliminar a todo el mundo en ese hogar. Aquellos momentos fueron difíciles porque cada vez que veía a una mujer llorando y cubriendo a sus hijos con su cuerpo como la gallina guarda a sus polluelos debajo de sus alas me afectaba emocionalmente el pensar que esa mujer podía ser el reflejo de mi esposa y que sus niños pequeños eran como los míos que había dejado en Estados Unidos. Me encontré lidiando con muchas misiones de esta índole. En otras, nuestra vida estuvo en mucho peligro al ser bombardeado por el enemigo, misiles cayendo muy cerca de mí y de mis soldados sin poder hacer nada para que ninguno de ellos fuese afectado por el bombardeo.

Mis soldados sabían que yo era cristiano y Pastor y ellos tenían diferentes religiones o creencias. Estar allí me hizo reflexionar que a veces nos quejamos de los lugares y circunstancias en que nos encontramos sin saber que Dios tiene un plan con nosotros en ese lugar y con esa circunstancia. A veces cuestionaba por qué Dios había permitido que estuviese lejos de mi familia y de la iglesia donde pastoreaba, pero Dios quería llevarme a lugares donde nunca había ido para compartir la Palabra a otros en situaciones críticas. Es por eso por lo que nosotros cuando oramos al Señor debemos siempre finalizar nuestra oración pidiendo que su voluntad perfecta sea hecha en nuestros planes y decisiones, porque Él puede ver el futuro o más allá de las cosas que nuestra mente limitada puede alcanzar a ver. Algunos soldados que eran satanistas y que no creían en Dios, en el momento que íbamos a salir en las misiones, me preguntaban si podía orar por ellos para que según ellos, mis ángeles les protegieran.

¡Cuán importante es mostrar nuestra dependencia en el Señor aún en los momentos más críticos en nuestra vida! Siempre habrá alguien que está observando nuestro comportamiento. Ellos quieren ver si nuestra confianza está realmente cimentada en Dios. Verán que nosotros tenemos paz en medio de la tormenta porque nuestra seguridad está en el Dios que nosotros servimos. Dios me dio el privilegio de poder hablar con un capellán cristiano del ejército que estaba allí para poder crear estudios para los soldados y así poder impartir la Palabra de Dios a los soldados que desearan escuchar algún tipo de consejo espiritual. Yo aproveché la oportunidad porque este capitán era de Corea del Sur y no dominaba bien el inglés debido a que él había vivido toda su vida allá y solo había aprendido el inglés básico. Dios abrió la puerta de oportunidad para conectarme con él y poder asistirlo en la misión que él tenía allí como capellán.

Comencé a hacer estudios bíblicos para los soldados en medio de una guerra y aprovechaba los tiempos de descanso que nos daban para reunir a los soldados en un lugar donde el enemigo guardaba las municiones y que otros soldados se la habían confiscado durante una misión. Limpiamos aquel lugar y comenzamos a dar estudios bíblicos y los soldados que oían la palabra de Dios comenzaron a aceptar a Jesús como Señor y Salvador. Es impresionante como el ser humano en los momentos críticos de su vida está más susceptible a escuchar la Palabra de Dios y ser sensitivo al mensaje que Dios quiere traer a sus vidas. Quizás es por el miedo a morir sin haber rendido sus vidas a Jesús, pero cualquier sea la situación, ellos estaban listos para escuchar la Palabra de Dios. Nunca imaginé que parte de mi misión sería poder comenzar estudios bíblicos para los soldados. Eso nunca pasó por mi mente ya que fui a Irak para una guerra y bajo mi posición como soldado. He llegado a la conclusión que el hombre tiene sus planes y luego Dios impone los suyos sin que a veces lo sepamos. Dios usas las circunstancias y situaciones en la vida de sus hijos para sacar el mejor provecho para nosotros y para otros en honor a su gloria. Nuestro corazón debe estar dispuesto y disponible y a la espera de la misión que viene de lo alto, para que seamos un impacto y una diferencia en aquellos que nos rodean. La Palabra de Dios nos enseña que somos la luz y la sal de la tierra y que la luz no se puede ocultar, sino que debe estar brillando en todo momento (Mateo 5:13-16). A veces como seres humanos y cristianos escogemos los lugares donde pensamos que podemos compartir la Palabra, en vez de permitirle al Espíritu Santo que nos ponga en lugares donde podamos tocar las vidas con el mensaje de la salvación a través de la cruz. Puedes estar seguro de que Dios te abrirá puertas en lugares donde las puertas estaban cerradas para otros. Dios necesita un ejército de personas dispuestas, disponibles y voluntarias que tienen el amor de Cristo en sus corazones para compartir las buenas noticias del evangelio sin temor al rechazo, las burlas o las situaciones adversas.

Pensaba que mi lugar de predicar eran los días de servicio en mi congregación, pero Dios permitió que llegara a un lugar que nunca pensé ir; a un lugar que era un desierto. Aún en el desierto Dios puede hacerte un instrumento en sus manos para llevar un mensaje y a la misma vez usar ese lugar para moldear tu vida, mientras te sigue usando para ministrar la vida de otros. No siempre las condiciones serán perfectas para cumplir el propósito de Dios y llevar el mensaje de salvación, pero dónde Dios te establezca siempre será el lugar de bendición. Dios hará las condiciones oportunas para que vayas y que así alguien escuche su voz a través de tus labios. Los soldados empezaron a recibir a Jesús en sus vidas como Salvador y Señor y se me ocurrió preguntarle al capellán, que era un capitán también en el ejército y que tenía conexiones con los altos rangos, si había la posibilidad de bautizar en las aguas a estos soldados que habían rendido su vida a Jesús. Solo usted puede imaginarse el pedido que yo hacía en medio de una guerra. El capitán inmediatamente se conectó con rangos mayores para ver si los ingenieros militares tenían la capacidad con su maquinaria de poder hacer un hoyo en el mismo desierto donde nosotros estábamos en Irak. Para mi sorpresa, también se abrieron las puertas para que los ingenieros hicieran un hoyo, en una tierra desconocida para mí y por medio de un soldado cristiano al cual Dios estaba usando en aquel lugar. Sentía que me convertía en un embajador en tierras lejanas para llevar un mensaje de salvación. Finalmente hicieron un hoyo bastante grande, lo rodearon de plástico y lo llenaron de agua. Allí tuve la bendición de comenzar a bautizar soldados en el mismo desierto, algo que tampoco estaba en mi agenda pero que Dios lo iba a escribir como parte de mi resume y de mi relación con Él. Cuando hacemos cosas aún en lo que no entendemos, pero lo hacemos en obediencia a Dios, Él nos honrará y su nombre será glorificado.

Seguían pasando el tiempo y luego de aproximadamente varios meses tuve la oportunidad de comunicarme con mi familia y poder decirle que estaba bien, pero nunca nos dieron un informe de cuándo íbamos a regresar de nuevo a los Estados Unidos, ya que habíamos llegado cuando estaba comenzado la guerra y no teníamos muchos detalles de cómo se iba a desarrollar todo en aquel lugar. Aquel desierto de Irak fue un lugar donde Dios me utilizó para continuar su obra de formación en mi vida como cristiano, predicador y embajador de su reino. Nuestro pelotón hizo sobre 100 misiones en Irak donde ninguno de mis soldados y este servidor fue herido por el enemigo, sino que en todo el Señor no solamente me protegió a mí, sino a aquellos que estaban a mi cuidado como sargento de ese grupo. En otra misión inesperada, me pusieron a cargo de enemigos que habíamos capturado durante las misiones que nuestro batallón hizo y los tenían custodiado en un lugar que parecía una cárcel. En esa cárcel me asignaron a mi pelotón y a mí, la misión de velar esos soldados que habíamos capturado para ser interrogados por sus acciones en combate.

Habíamos recibido información confidencial sobre su participación en ataques a nuestros soldados. Queríamos identificar si realmente eran culpable de esos ataques que habían hecho a nuestros soldados o saber si eran simplemente inocentes y estaban en el lugar equivocado. Nuevamente me encontraba en ese lugar dónde no sabía lo que Dios iba a ser en medio de esa misión que me habían dado. Como soldado y como cristiano quería estar seguro de que esas personas que habían sido capturadas, se les trataran como seres humanos mientras estuvieran bajo mi custodia y la de mi pelotón. En una ocasión le iba a dar agua y manzanas que nos habían dado para alimentarlos, pero cuando procedí a tomar las botellas de agua noté que estaban muy calientes pues estaban expuesta a altas temperaturas del desierto. Por otro lado, las manzanas estaban llenas de polvo por causa de muchos vientos. Inmediatamente procedí a prepararme para ir celda por celda para darle la comida a ellos, pero le tenía a dar el agua caliente y las manzanas en el estado en que se encontraban llenas de polvo cuándo de momento oigo una voz dentro de mí qué me dijo: "dale del agua fría que tú tienes y limpia las manzanas antes de dárselas." Aquella voz que escuché no tenía sentido para mí, ya que esas personas presuntamente eran mis enemigos y no tenía que tratarlos con tanta delicadeza conforme a como pensaba siendo soldado. Recuerden que a la vista de todos nosotros, ellos eran nuestros enemigos que habían sido capturados en el campo de batalla y los cuales posiblemente habían hecho muchos atentados de muerte contra nosotros. Sin embargo, la Palabra de Dios nos enseña en Mateo capítulo 5:43-48: "Ustedes han oído que se dijo: "Ama a tu prójimo y odia a tu enemigo", pero yo les digo: Amen a sus enemigos y oren por quienes los persiguen, para que sean hijos de su Padre que está en el cielo. Él hace que salga el sol sobre malos y buenos, y que llueva sobre justos e injustos. Si ustedes aman solamente a quienes los aman, ¿qué recompensa recibirán? ¿Acaso no hacen eso hasta los recaudadores de impuestos? y, si saludan a sus hermanos solamente, ¿qué de más hacen ustedes? ¿Acaso no hacen esto hasta los gentiles? Por tanto, sean perfectos, así como su Padre celestial es perfecto." Este versículo es más fácil leerlo que aplicar lo que dice, porque esa idea estaba en completo desacuerdo con mi manera de pensar como un soldado, pero no podía olvidar que primero que todo era un hijo de Dios, puesto en un lugar para hacer brillar la luz de Cristo que había en mí. No podemos pretender ser cristianos en un lugar y olvidar nuestra identidad cuando estamos en otro lugar donde pensamos que podemos actuar diferentes.

Ahora me encuentro en una postura que el mismo que le está predicando a los soldados que se estaban convirtiendo a Cristo, tenía que aplicar los mismos principios de la Palabra de Dios para aquellos que eran mis enemigos. Conforme a la voz que había escuchado, obedecí y comencé a limpiar las manzanas y a buscar mi agua fría para darle a estas personas. No me estaba dando de cuenta que los que estaba custodiando me estaban observando en todo momento mientras estaba teniendo una lucha con mi humanidad y el deseo de Dios en cuanto a brindarles agua fría y manzanas limpias, pero Dios qué es soberano estaba cumpliendo su propósito en mí y a través de mí. De momento cuando voy y me acerco a ellos para darle el agua y las manzanas, ellos se quedan fijamente mirándome y uno de ellos que hablaba un poco inglés me pregunta por mi nombre. Procedí a darle mi nombre y luego él me comenta que si podía preguntarme algo. Le respondí que sí y luego él me preguntó el por qué yo estaba limpiando las manzanas y dándole del agua fría que me pertenecía. Me dijo que me estaban observando por mucho tiempo y que mi comportamiento hacia ellos era diferente qué otros soldados que también tenían el trabajo de custodiarlos en diferentes horas del día. Eso me tomó de sorpresa porque en ningún momento noté que me observaban. Ellos estaban admirados de mi trato con ellos sin saber que yo estaba primeramente en desacuerdo con Dios por lo que estaba haciendo pero que finalmente decidí obedecerle. A veces como cristianos vamos a estar en desacuerdo con Dios en cuanto a algo que Él demanda de nosotros, pero lo importante es al final hagamos lo que Él nos pide, aun cuando no entendemos todos los detalles de lo que Dios nos está pidiendo porque de eso se trata la fe y la obediencia a Dios. Inmediatamente cuando ellos me hacen esa pregunta le contesto que la razón por la que limpié las manzanas y les diera agua fría era por el amor de Dios que estaba en mí y que provocó que hiciera este acto de compasión hacia ellos. Esto inmediatamente abrió la puerta para tener una conversación sobre el Dios del cual yo le hablaba. Ellos en su mayoría eran musulmanes y su doctrina es completamente diferente, aunque ellos tienen historias en su libro llamado el Corán, donde hace menciones de personas o personajes que nosotros tenemos en la biblia como Abraham,

Moisés y otros. En mi mente inmediatamente pensé en dar explicaciones teológicas o bíblicas de lo que quería decir pero a ellos no les haría sentido porque ellos ven a Jesús como un profeta o mensajero de Dios, no como hijo de Dios y salvador del mundo. Pero nuevamente escuché la voz de Dios que me decía que predicara a Jesús a través de mis muestras de amor por ellos. Muchas veces la predicación que Dios pide de nosotros es la aplicación de la Palabra que ya existe en nosotros, pero que debemos predicar mostrando actos de amor y compasión. Ellos continuaron observando mis actos de compasión, amor y misericordia lo cual les llamó tanto la atención, que pidieron si era posible a entrar en la celda donde ellos estaban para sentarme y hablarles de mis creencias cristianas. Esto podría ser un acto un poco peligroso, pero sentía paz en que todo iba a estar bien. A principio ellos me miraban y me preguntaban si era iraquí como ellos ya que los rasgos de los latinos son parecidos a los de ellos. En todas estas conversaciones siempre había uno que hablaba inglés conmigo y luego él le traducía la información a ellos en su lenguaje. Procedí a decirle que era de Puerto Rico lo cual ellos no tenían entendimiento de dónde era eso en el mapa y comenzaron a compararlo a México. Ellos saben de ellos debido al deporte del fútbol el cual se juega en Irak.

Llegó el día que decidí entrar en la celda y ellos se pusieron en un círculo y empezaron hacerme preguntas sobre mi fe. Fue impresionante que ellos me recibiesen como si fuese uno de ellos, pero yo sabía que era la mano de Dios dándome la oportunidad de mostrar su amor a través de mí. Recuerdo que uno de ellos un día se me quedó mirando y me decía que mi rostro reflejaba un brillo inexplicable. Yo sabía que era la luz de Cristo a través de nosotros sus hijos, para marcar la diferencia en un mundo oscuro donde vemos continuamente el dolor y el sufrimiento. La Palabra de Dios dice: "Ustedes son la luz del mundo. Una ciudad en lo alto de una colina no puede esconderse. Ni se enciende una lámpara para cubrirla con un cajón. Por el contrario, se pone en la repisa para que alumbre a todos los que están en la casa. Hagan brillar su luz delante de todos, para que ellos puedan ver las buenas obras de ustedes y alaben al Padre que está en el cielo" (Mateo 5:14-16). El día que tomé la decisión de entrar a la celda junto con ellos le dije a uno de mis soldados que aguantará mi rifle y me cerrará la reja junto con ellos en la celda y cuando entré, inmediatamente me dijeron una palabra iraquí que significaba bienvenido al círculo de amigos. Me sentía en total control y compartía lo que Jesús era para mí y ellos me escuchaban atentamente lo cual fue un tiempo especial. Ellos estuvieron encerrados en aquella cárcel por cierto tiempo ya que el ejército de Estados Unidos investigaba quiénes eran, sí eran parte del ejército de Saddam Hussein el presidente de Irak o sí estaban implicados en ataques en contra de los soldados americanos. Luego de haber concluido esa investigación resultó que no había evidencia en contra de muchos de ellos así que procedieron a dejarlos libres. Ese día en particular que los dejaron ir, me encontraba trabajando mi turno y recuerdo que mientras abrían las celdas para ellos salir, algo me tomó de sorpresa y fue muy inesperado para mí. Antes de que ellos se fueran del lugar hicieron una fila delante de mí y comenzaron a abrazarme y darme lo que se acostumbra a hacer entre los países del medio oriente donde los varones se dan 3 besos en las mejillas. Mientras cada uno hacía eso, procedían a salir de allí y me gritaban y me decían Raúl te amamos y si desea visitarnos nosotros te protegemos. Uno de ellos se quitó una sortija de plata que tenía y me la entregó como un regalo y recuerdo de parte de ellos. No puedo decir con exactitud que ellos hayan aceptado a Jesús cómo Señor y Salvador, pero lo que sí sé es que Dios tocó sus corazones y les hizo conocer a alguien que le mostró el amor de Cristo aun cuando estábamos en zona de combate y sabemos qué lo que Dios empieza lo termina de una manera gloriosa.

Se podrá imaginar la mezcla de emociones que siento al recordar lo que para mí estas dos principales experiencias de vida me han enseñado. Soy la evidencia tangible de la fidelidad y cobertura de Dios. Desde cómo me preservó la vida en Puerto Rico haciendo que las balas que me lanzaron y que estaban destinadas a quitarme la vida se desviaron; su gracia en todo el proceso judicial donde de una sentencia de 305 años de condena perpetua quedó anulada y pude nuevamente abrazar la libertad; hasta ahora ver ese mismo hombre acusado de ser el culpable en una masacre, formar parte del Ejército de los Estados Unidos y en una zona de guerra predicar el evangelio, sumar almas al reino de Dios, bautizarlos en medio del desierto y tener la oportunidad de amar y ministrarle a nuestros enemigo. ¡Todo ha sido por gracia y misericordia para su gloria! Toda mi vida es un testimonio, pero si pensabas que solamente estuve frente a la muerte en esas dos ocasiones te equivocas, aun me falta compartirte un segundo baile con la muerte.

GRADUATION

Un segundo baile con la muerte

En nuestra frágil humanidad nos encontramos a menudo teniendo tantas preguntas en medio de las circunstancias difíciles de la vida y no entendemos muchas veces el cómo, el cuándo y el por qué Dios hace las cosas de cierta manera. No podemos como cristianos pretender poner a Dios en un tipo de molde o ecuación donde pensamos que de la manera que Él trato con una persona en su crisis, así será el mismo método que hará con la siguiente persona. Dios es soberano y conoce que cada persona es distinta y su proceso en cada individuo es diferente. Él trabaja en ellas como un alfarero que de antemano ve el producto final cuando a penas a comenzado. Él moldea nuestras vidas con el fin de parecernos cada vez más a su hijo Jesús, pero trabaja con cada persona de distintas maneras así como vemos en la Biblia y lo que hizo con dos ciegos. En esta historia vemos a Jesús sanando a un ciego de la siguiente manera: "Dicho esto, escupió en tierra, e hizo lodo con la saliva, y untó con el lodo los ojos del ciego" (Juan 9:6-7). Vemos luego a Jesús usando otro método para sanar a otro ciego: "Entonces les tocó los ojos, diciendo: Conforme a vuestra fe os sea hecho" (Mateo 9:29-30). La condición de ceguera era igual para los dos, pero usó diferentes métodos con el fin de tratar con su fe hacia Él. Los métodos que empleó Jesús fueron en algunos casos diferentes, pero su fin era el mismo. Jesús quería que las personas pudieran reconocer el poder que cargaba como una señal de que Él era el Mesías prometido y el hijo de Dios. "Pero si las hago, aunque a mí no me creen creed las obras; para que sepan y entiendan que el Padre está en mí y yo en el Padre" (Juan 10:38). Era su deseo que el ser humano entendiera que la fe puesta en Él produce cambios en nuestras vidas tanto físicas como espirituales.

Ningún ser humano quiere pasar por adversidad, crisis o conflictos, pero son estos mismos los que a veces Dios usa para darnos formación espiritual y para que tengamos una experiencia personal con Él, que de otra manera no lo hubiésemos valorizado. Este libro, como has podido leer, es una recopilación de experiencias personales bajo diferentes circunstancias, donde Dios obró de diversas maneras para tratar con mi vida en áreas que necesitaban ser transformadas, sanadas o cambiadas. Aunque en el principio de mi crisis tuve duda, dolor, temor y miedo; al final de mi experiencia dolorosa pude ver el otro lado de la moneda donde pude confirmar que había crecido y madurado en muchas áreas de mi vida y en mi relación con Él. Estos eventos fueron escritos para motivar a los lectores a pensar que todavía hay y siempre habrá, esperanza de que Dios haga algo milagroso en nuestras circunstancias difíciles, pero tenemos que poner nuestra confianza y fe en Él y darle la oportunidad que su proceso obre en nuestras vidas como Él solo sabe hacerlo. No pretendo a través de este libro hacerte pensar que conozco completamente como Dios opera en cada circunstancia, sino que estas páginas simplemente tienen plasmadas eventos reales donde Dios operó milagrosamente en mi vida de adentro para afuera. Debo enfatizar que no siempre contestó mis oraciones como yo quería, pero siempre las contestó conforme a su plan, su propósito y en su tiempo.

En el mes de marzo del año 2020 ocurrió algo inesperado que no era parte de mi plan, ni fue una petición en mis oraciones. Nunca pensé que iba a ser contagiado con un virus tan letal, el cual iba a ponerme entre la vida y la muerte. El Coronavirus se estaba propagando y se había extendido a todas las partes del mundo de una manera muy rápida y con devastación. En la Biblia encontramos que Jesús hablando dijo: "Estas cosas os he hablado para que en mí tengáis paz. En el mundo tendréis aflicción; pero confiad, yo he vencido al mundo" (Juan 16:33). Muchas veces he repetido este versículo en sermones que he predicado, pero fue este evento que produjo que lo entendiera de una manera más clara y personal. A veces la Palabra de Dios se hace más fácil de entender y logramos confiar más en ella a través de los sucesos difíciles que ocurren en nuestra vida y donde la experiencia con el dolor nos hace ver como a un espejo la intención y el mensaje de Dios. Jesús nunca dijo en su palabra que yo iba poder vencer cualquier aflicción en este mundo, sino que dijo que él había vencido todas las maneras en que la aflicción se podía manifestar en nuestras vidas y por lo tanto, como su Santo Espíritu mora en nosotros, íbamos a recibir la capacidad para nosotros soportarla y atravesarla victoriosamente. Dios no siempre nos sacará del horno de fuego de la prueba, pero si tendremos su compañía a través de toda la difícil travesía. Él tomará el timón de la barca de nuestras vidas y a pesar de las fuertes tormentas y vientos de nuestras crisis, nosotros podremos estar seguros de que terminaremos en puerto seguro, porque Él es nuestro guía. "Porque el Señor no abandonará a Su pueblo, Ni desamparará a Su heredad" (Salmo 94:14). Si le preguntas a cualquier cristiano lo más seguro te va a decir que él o ella no quieren ningún problema, crisis, tribulación o prueba. La Palabra de Dios registra personas como el Apóstol Pablo, los discípulos de Jesús, José entre otros, que a través de muchas circunstancias difíciles fueron las que los guiaron a su propósito. Esas pruebas fueron las que los hizo crecer en su fe y los hizo estar más cerca en su relación con Dios. "Fortaleciendo a los discípulos y animándolos a perseverar en la fe. Es necesario pasar por muchas dificultades para entrar en el reino de Dios les decían" (Hechos 14:22).

En marzo 24, del año 2020, regreso a mi casa en la tarde luego de estar en el trabajo con un dolor de cabeza que nunca había sentido o experimentado. Este había comenzado mientras trabajaba, pero no quise dejar mi trabajo a mitad, sino que quise terminarlo y entonces regresar a casa para poder descansar o tomarme alguna píldora que fuese suficiente para controlar el dolor de cabeza extremo que estaba sintiendo. Cuando llegué a mi casa no lo pude soportar y le tuve que decir a mi esposa que me llevara al doctor. Cuando llegamos al hospital tenía un poco de fiebre, pero como los hospitales para ese entonces estaban muy llenos por causa de la pandemia, ellos me evaluaron y me dijeron que si la fiebre aumentaba que entonces regresara, así que me enviaron de regreso a mi casa. La pandemia del coronavirus se había expandido en todos los Estados Unidos y ellos estaban tratando de manejar la sobre acumulación de pacientes que había entrado en los hospitales. Ellos estaban lidiando con diferentes condiciones que ellos aún no tenían respuestas, para poder resolver la problemática de saber cómo se manifestaba el coronavirus en los pacientes y qué tipo de medicinas le podían dar para poder manejar las diferentes reacciones que estaban teniendo. En medio de todo esto me encontraba yo como parte de un caos que había, tanto para los doctores como los pacientes enfermos que no podía recibir el tratamiento apropiado por causa de desconocer la manera en que este virus se manifestaba en las personas. Me hicieron un examen para comprobar si tenía o no el virus y luego de 10 días, los resultados habían mostrado que estaba negativo en cuanto a tener el virus. Pero lo impresionante era que mostraba todos los síntomas que los Doctores decían que este virus poseía, sin embargo el examen que me hicieron mostraba un resultado negativo lo cual era otra problemática dentro del sistema médico. Los exámenes para verificar si un paciente tenía el virus era deficiente y no siempre daban los resultados correctos según me comunicaron algunos Doctores.

La problemática que existía en ese tiempo era que los exámenes que estaban haciendo para saber si los pacientes habían estado contagiados, muchas veces daba resultados contrarios a los síntomas que ellos tenían, por ende aún los exámenes no eran precisos y estaban dando resultados equivocados. Esto puso la situación de los médicos en una crisis mayor. Al dar negativo al examen ellos procedieron a tratar mi condición cómo si yo tuviera el virus del Flu o influencia, lo cual en aquel momento era lo mejor que ellos podían hacer por mí. El problema era que las medicinas no me estaban haciendo efecto. Tuve que ir otra vez al Doctor por segunda vez y me hicieron de nuevo otro examen que nuevamente salió negativo y esto estaba poniendo en gran confusión a los Doctores que me estaban atendiendo. Ellos veían todos los síntomas del coronavirus en mí, sin embargo los resultados de los exámenes mostraban que yo estaba negativo al coronavirus.

Me enviaron de nuevo a mi hogar, pero cada vez más me estaba poniendo en peores circunstancias físicas con lo que yo tenía. Fue tanto así que bajé aproximadamente entre 15 a 20 libras de peso en una semana, perdí la capacidad del sabor y el olor, tenía dolor de cuerpo, perdí totalmente el apetito, tenía fiebre, no podía respirar de manera adecuada y finalmente no podía caminar ni sostenerme por sí mismo. Sentía que poco a poco la vida se me estaba yendo. Mi esposa decidió ponerse máscaras y guantes para protegerse, porque aun cuando los exámenes daban negativo, todos los síntomas mostraban que tenía el coronavirus y ella quería tomar las debidas precauciones. Mi esposa me estaba cuidando, pero a la misma vez está viendo cómo me iba deteriorando día tras días sin encontrar una solución a mi situación. Tuvimos que tomar la decisión de decirles a los hijos que vivían en mi casa que se fueran a la casa de una hija que ya está casada y que vivía aparte, para evitar que ellos se contagiaran. Mi esposa y yo tratamos esos síntomas como si tuviese el coronavirus y no queríamos tomar riesgos.

Estos fueron tiempos de intensa batallas mental, emocional y física mientras clamaba a Dios que me diera una oportunidad de vivir. Sentía cada vez más que estaba al borde de la muerte y en aquellos momentos nada de las cosas materiales que poseía eran de ninguna importancia para mí, solo en mi mente pensaba en mi familia y que no quería dejarlos solos. A veces las personas tienen que esperar momentos de vida o muerte en sus vidas para darse de cuenta y evaluar lo que verdaderamente importa. Las cosas materiales en nuestras vidas no podrán acompañarnos en nuestra travesía hacia la muerte. Pero las experiencias, tiempo de calidad, amor y nuestro testimonio de cómo servimos al Señor será lo que quedará en los corazones y mentes de nuestros seres queridos. Fue una batalla espiritual donde Satanás estaba tratando de poner en duda todas esas predicaciones que había dado u oído, todos los mensajes que había preparado y todas las lecturas que había leído. Toda la información que tenía acerca de la Biblia estaba siendo puestas en mi vida en tela de juicio en aquel momento de dolor, miedo y tristeza. Por las noches cuando dormía en el sofá de la sala muchas veces lágrimas corrían por mis mejillas preguntándome cuándo esto iba a terminar y cómo mi vida había cambiado de un momento a otro inesperadamente. El tiempo y el momento de mi gran desafío de mi fe había llegado después de varios años de estar predicando y sirviendo al Señor. Era como si un examen de escuela espiritual se me había dado para evaluarme dónde estaba en mi relación con Dios. Muchas veces pensamos que el día de mañana está seguro y empezamos a planificar a corto y a largo plazo pensando que todas las cosas que planificamos van a ocurrir tal como las escribimos. La realidad es que planificar es un concepto muy responsable, pero ponerle la seguridad que eso va a ocurrir es asumir algo que no sabemos y que sólo Dios conoce con exactitud.

Empecé a recordar la historia de Job (Job 1) un hombre de Dios que caminó con Dios en obediencia y en temor, que tenía muchas riquezas y posesiones y una hermosa familia, pero él iba a atravesar el momento más doloroso de su vida.

Job no sabía que una conversación entre Satanás y Dios estaba ocurriendo y que él iba ser la persona que Dios iba usar para mostrarle a Satanás que había alguien que nunca lo había visto cara a cara, sin embargo no lo iba a traicionar ni sería desleal como Satanás, quien tuvo la oportunidad de ver a Dios cara a cara y traicionó esa relación. Nunca me compararía a la experiencia que pasó Job, pero si sentí que estaba solo cuando en realidad Dios siempre estuvo ahí conmigo. Los momentos de crisis, problemas y conflictos son aquellos lo cuales nos preguntamos si Dios está conmigo o no, pero nos hace ver también si nuestra fe es real o no. Me hace pensar otra historia en el libro de Marcos (4:35-41) donde Jesús luego de haber alimentado a miles de personas les dice a sus discípulos que se prepararan para pasar al otro lado. Lo menos que ellos pensaban era que una tormenta se iba a desatar en medio de una calma en la cual ellos se encontraban. Jesús está durmiendo en la popa de la barca cuando de momento comienzan a soplar fuertes vientos, la marea sube tan alta que empieza a entrar agua dentro de la barca y los discípulos comienzan a temer por sus vidas olvidando las palabras que Jesús le había dicho acerca de pasar al otro lado. Dios siempre nos da palabras de seguridad en medio de los momentos de bonanza para que en los momentos de crisis estemos listo para acordarnos de la Palabra que Él nos habló. Jesús dijo, "Estas cosas os he hablado para que en mí tengáis paz. En el mundo tendréis aflicción; pero confiad, yo he vencido al mundo." (Juan 16:33) Dios nunca nos ha prometido que en nuestra relación con Él todo iba ser bonanza, que tendríamos abundancia o que no existirían problemas hasta su segunda venida, sino por el contrario, nos advirtió de los momentos difíciles que vamos a confrontar en la vida. También nos reafirmó que no íbamos a estar solos atravesando esos momentos de crisis, de temor e incertidumbre. Los discípulos estaban tratando de resolver el problema por sus propios esfuerzos tratando de sacar el agua de la barca sin lograr su objetivo, sino que la marea y los fuertes vientos empujaba aún más agua dentro de la barca de lo que ellos podían sacar. Al final de su lucha por resolver su situación olvidaron que en aquella barca estaba Jesús y que ellos lo habían visto anteriormente hacer cosas sobrenaturales. Ellos experimentaron ver a Jesús proveer comida a miles de personas y que contar con Él en medio de la crisis era su mejor opción. Muchas veces los momentos difíciles nos hacen olvidar no solamente las palabras que Dios nos dice en cuanto a confiar en Él, sino que humanamente hacemos el esfuerzo por resolver nuestros propios conflictos cuando sabemos de antemano, que no podemos. Esperamos darnos de cuenta que el problema es más grande que nosotros, pero olvidamos que nunca será más grande que Dios. Al ver ellos que su esfuerzo era en vano decidieron levantar a Jesús, no porque sabían que Él podía resolver el problema, sino como una opción final de crítica y confrontación al hacerle saber a Jesús un problema que de antemano Él sabía y que tenía la solución a ella.

Las crisis nos ponen cargas tan difíciles que olvidamos muchas veces que Dios sabe de nuestros problemas de antemano y que juntamente provee la solución de la misma manera. La desesperación nos hace desenfocarnos y ponemos toda nuestra energía y esfuerzo en el problema en vez de poner toda nuestra fe en aquel que tiene nuestra solución. Es nuestra naturaleza caída y el orgullo qué nos hace pensar que podemos resolver cualquier problema y que lo podemos hacer sin Dios. Dios permite que ocurran circunstancias en nuestras vidas muchas veces para mostrar nuestra debilidad y nuestra necesidad de clamar a Él y hacerlo parte no sólo de nuestros problemas, si no de nuestras vidas.

Los discípulos se iban a llevar una sorpresa al ver como Jesús iba a resolver una situación que para ellos era imposible de tener solución. Este milagro que Jesús iba a hacer era otra señal para ellos comprobar que Él era la persona que se hacía llamar. La intervención de Dios en nuestros problemas y crisis muchas veces afirman nuestra fe en las cosas que hemos leído en su Palabra y nos comprueba que es veraz. Cuando ellos tratan de levantar a Jesús quién estaba durmiendo, lo estaban buscando como última alternativa a una situación que estaba fuera de sus manos resolver y Jesús al escuchar los gritos y la preocupación de los discípulos, se levanta y confronta aquello que estaba amedrentando sus vidas. Inmediatamente le dice a los vientos y a las olas que callen y enmudezcan e inmediatamente se hizo una grande bonanza. Los discípulos al ver lo que había acontecido quedaron perplejos al ver cómo Jesús con unas simples, pero poderosas palabras, había calmado la tempestad que se había levantado sobre sus vidas. Ellos habían olvidado las palabras de Jesús cuando le dijo pasemos al otro lado y cuando olvidamos las palabras que Dios no dice es muy fácil caer en la desesperación, preocupación, temor y miedo ante las circunstancias que están delante de nuestros ojos. En el libreo de Hebreos 11:1 dice; "Es pues la fe la certeza de lo que se espera y la convicción de lo que no se ve." Se requiere que en nosotros haya una certeza y una seguridad de lo que Dios habló para que a pesar de que cambien las circunstancias alrededor de nosotros, la Palabra de Dios permanece firme ante cualquier adversidad que se presente en nuestras vidas. Es fácil confiar en Dios y en lo que nos dijo cuando las circunstancias están tranquilas, pero requiere una fe madura para creer cuando las cosas cambien extremadamente de un momento a otro.

El ser humano no desea que nada a su alrededor cambie porque somos criaturas de repetición y cuando algo cambia fuera de lo que nosotros conocemos como normal en nuestras vidas, inmediatamente trae preocupación y ansiedad a nuestras vidas. Debemos de entender que somos nosotros los que nos tenemos que sujetar y creerle a la Palabra que Dios a pesar de que las situaciones nos puedan estar incomodando y estén cambiando nuestro plan. Es por eso por lo que la fe es necesaria cuando Dios permite que algo inesperado cambie nuestros planes y agendas. Dios está obrando su propósito en nosotros y somos nosotros los que nos tenemos que conformar a su agenda y a sus planes. Los discípulos quedaron impactados por la experiencia que estaban teniendo delante de sus ojos y comenzaron a hablarse el uno al otro y diciéndose ¿quién es este que aún los vientos y el mar le obedecen? En ese momento se dieron de cuenta que no conocían a Jesús como ellos pensaban. A Jesús el evento de la tempestad no lo tomó por sorpresa porque Él sabe todas las cosas y por eso descansaba tranquilamente y seguro que su misión, a la cual su padre lo había llamado, todavía no se había cumplido. Por ende, Él sabía que no iba a morir ahogado, sino que tenía claro que su misión era morir en una Cruz por los pecados de la humanidad. Es por eso por lo que como hijos de Dios, debemos tener en claro que Dios es el que tiene control sobre nuestras vidas y que nada ni nadie puede cambiar lo que Dios ha establecido desde la eternidad. Sentimos seguridad en saber qué Dios tiene el control de nuestras vidas y que cualquier cosa que ocurra es porque Él lo permite, aunque no lo entendamos todo en el momento.

La fe nos lleva al lugar de aceptación, de que pase lo que pase, el producto final de lo que

Dios está haciendo nadie lo puede alterar sin su consentimiento o permiso. Es más fácil descansar en paz sabiendo estos principios y confiando que Dios tiene el mejor deseo y plan para nuestras vidas. El dolor y el sufrimiento puede hacer que critiques, dudes, maldigas o acuses a Dios de tu circunstancia, crisis y problemas. A la vez, el dolor también puede expulsar de adentro de ti tu mayor y más fuerte adoración. "En mi angustia invoqué a Jehová, Y clamé a mi Dios. El oyó mi voz desde su templo, Y mi clamor llegó delante de él, a sus oídos" (Salmos 18:6). Debemos escoger siempre la decisión de adorar a Dios, aunque no tengamos todos los detalles o respuestas a lo que estamos atravesando. Tenemos que preguntarnos, ¿Quiero dirigir mi dolor, mis palabras y mis frustraciones hacia Dios de una manera negativa? O quiero echar mis cargas en Dios de una manera de confianza y fe? Sabemos que él no falla, que no nos deja y que su presencia está en nosotros y con nosotros. A Dios no lo intimida nuestro peor momento porque lo que parece que nos va a destruir, muchas veces es el proceso que Él usa para construir en nosotros carácter, dependencia y un aumento en nuestra fe. La historia de Marcos 4:35-41 termina con Jesús reprendiendo los vientos y al mar y sus discípulos quedando asombrados y perplejos de ver cómo se hizo gran bonanza. Se maravillaron al ver cómo la creación se sujetaba a Él por una Palabra que salió de sus labios. En su vergüenza solamente expresaron qué Jesús se apartará de ellos porque eran pecadores. No era el deseo de Jesús apartarse de ellos sino simplemente darle una enseñanza de dependencia y confianza en aquel que los había llamado para seguirle. Aunque era cierto que ellos eran pecadores, la misión de Jesús era morir por los pecados de toda la humanidad. Ellos se encontraron sin palabras qué decirle en medio de la desconfianza que tuvieron hacia Él. Muchas veces nosotros mismos luego de ver la mano de Dios obrar en nuestras vidas nos sentimos abrumados por la ignorancia y la fragilidad que poseemos al no reconocer su poder sobrenatural para solucionar cualquier circunstancia. Ellos se sintieron no merecedores de su gracia, lo cual al igual que ellos, a nosotros se nos dio no porque la merecemos, sino que la recibimos en fe.

En el momento que mi dolor se intensificó por los síntomas del coronavirus, sentía que mi fe era golpeada por los vientos y las mareas de la vida. Había salido de una campaña de 3 días donde había visto la victoria de Dios y su mano poderosa obrar en las vidas, lo menos que pensaba era que me iba a confrontar con algo que iba a poner mi vida al borde de la muerte unos días después. Después de haber ido varias veces a los hospitales llegó el día donde ya no pude aguantar más dolor y procedimos ir al hospital una vez más. Recuerdo haberle dicho al Señor en oración que por favor no me dejara morir e inmediatamente comencé a llorar, pero vino a mi mente y a mi corazón una pregunta de parte de Dios. Sentía que Dios me reclamaba: "Me dices que no te deje morir y te pregunto; ¿por qué quieres vivir? Fue una pregunta impactante de parte de Dios pues cuando le dije que no me dejara morir es porque estaba pensando en mi familia, mis hijos y mis nietos. El ser humano tiende a querer vivir para alcanzar éxitos y sueños propios, pero no nos detenemos para pensar el por qué Dios nos dio la vida y para qué vivimos en ella.

Hay personas que viven simplemente para acumular riquezas y cosas materiales y hay otras personas que simplemente no desean vivir porque han pasado momentos difíciles durante su vida y no le encuentran la razón del por qué vivir. En mi caso Dios me estaba reenfocando en las prioridades que debía tener en mi relación con Él.

No podía olvidar qué Dios me había sacado de un mundo muy oscuro, de maldad y de pecado y Él quería que me enfocara en el llamado que Él me había dado. No era que Dios no le interesaba mi familia, sino que simplemente Él quería que yo lo pusiera a Él primero como un hijo de Dios que fue redimido y comprado a precio de sangre. Dios quería que no me olvidara de su plan, su propósito y el llamado en mi vida. Surgen situaciones donde el ser humano es bendecido por Dios y entonces se olvidan de Él y se enfocan en las bendiciones en vez de enfocarse en el dador de esas bendiciones. La Palabra de Dios dice; "Mas buscad el Reino de Dios y su justicia primero y lo demás será añadido" (Mateo 6:33). En ese versículo podemos encontrar las prioridades y el deseo de bendecir de Dios para nuestras vidas, y que nada ni nadie ocupe el primer lugar que solo le corresponde a Él. Recuerdo que los días pasaban y yo continuaba de mal en peor. En ese mismo tiempo se estaba acercando mi cumpleaños y lo menos que pensé era que no iba a poder celebrar ese día tan especial con mi familia, ya que mis hijos se encontraban en casa de mi otra hija y mi esposa era la única que quedaba conmigo en la casa.

El día de mi cumpleaños mi esposa me dijo que fuera y mirara por la ventana de la sala de mi casa y cuándo miré, vi a mis hijos con mi nieto que estaban en el patio al frente. Ellos cargaban en su mano un bizcocho o pastel qué tenía una vela y comenzaron a cantarme cumpleaños a la distancia ya que nos dividía una ventana. Ese día hacía mucho frío, pero mi familia estuvo dispuesta en medio de mi dolor por el coronavirus, a continuar apoyándome, aunque fuese mirándome de afuera de la casa por la ventana de la sala. Al verlos me quebranté en dolor emocional y en lágrimas y lo único que pude hacer fue poner mi mano en el cristal de la ventana mientras ellos ponían su mano al otro lado porque no quería que entraran a la casa por temor a que se contagiarán con lo que yo tenía. Fue un momento de muchas lágrimas de ambas partes, pero podía escucharlos a través de la ventana con lágrimas cantarme la canción de cumpleaños. Aún mi nieto muy pequeño ponía su manita en la ventana y yo ponía la mía pues era lo más cercano que podía estar de él.

Después de haber pasado tantos días de dolor no tuve otra opción sino ir a la sala de emergencia a ver qué podían hacer por mí. Apenas podía caminar y tuvieron que buscar una silla de ruedas para poder llevarme adentro de la sala de emergencia. Cuando el doctor me vio les pidió a dos enfermeras que me ayudaran a caminar pues él quería ver a cuánta distancia podía caminar sin ayuda y tenía las enfermeras a mi lado por si acaso me tenían que aguantar para no caerme. Cuando comencé a dar varios pasos me di de cuenta que ya no podía más y me faltaba el oxígeno y el dolor era incesante. Inmediatamente me pusieron en una cama, me conectaron al oxígeno y me pusieron por la vena un medicamento llamado morfina para tratar de lidiar con el dolor. Luego el doctor procedió a hacerme unos rayos-x para ver la condición de mis pulmones y cuando llegaron los resultados entra a mi cuarto y me dice que él había trabajado como doctor por 30 años y nunca había visto unos pulmones tan manchados y destruidos como los que yo tenía. No esperé escuchar de un doctor las palabras que retumbaron en mi corazón cuando me dijo que no podía hacer nada por mí. Ese fue el momento donde Dios me recordó que todo hombre es limitado en lo que puede hacer y que solo Dios tiene el poder de operar en lo imposible. Él decidió llamar a una ambulancia y me llevaran a un hospital más grande porque él me dijo que no sabía cómo lidiar con mi situación. Dios en su

Palabra nos aconseja y nos advierte sobre poner nuestra total confianza en el hombre, porque este tiene limitaciones en lo que puede alcanzar y lograr aún en la medicina. (Salmos 146:3) "No confiéis en príncipes, ni en hijo de hombre en quien no hay salvación." Una ambulancia me fue a buscar a la Clínica de Emergencia en la que me encontraba para trasladarme a un hospital más grande donde al llegar, me tuvieron que ingresar a la Unidad Intensiva de ese hospital por la condición en la que me encontraba. Nunca pensé que iba tener que estar en un lugar dónde los médicos pensaran que mi situación era crítica. Hay tormentas que vienen a nuestra vida que nos toman por sorpresa que muchas veces nos hacen pensar si vamos a poder sobrevivir a tal tempestad. Ese es el momento de sostenernos por un Palabra y no dejar que nuestras emociones tomen la mejor parte de nosotros. La Palabra nos dice: (Salmos 23:4) "Aunque ande en valle de sombra de muerte, No temeré mal alguno, porque tú estarás conmigo; Tú vara y tu cayado me infundirán aliento." Este versículo no nos dice que Dios nos librará de todos nuestros problemas, pero si hay una promesa de que Él va a estar con nosotros a través de cualquier circunstancia. Su compañía es más que suficiente en cualquier crisis o adversidad que podamos confrontar.

Algo impresionante me ocurrió mientras estaba ingresado en el hospital. Tan pronto llegué sentí una paz que no podía explicar. Era como una certeza de que todo iba a estar bien porque Dios estaba conmigo aun cuando mi estado de salud era grave. "Y la paz de Dios, que sobrepasa todo entendimiento, guardará vuestros corazones y vuestros pensamientos en Cristo Jesús" (Filipenses 4:7). Desde el punto de vista humano podía ver la evidencia médica que mostraban que yo estaba en una situación muy delicada, pero desde el punto de vista de Dios mi situación no estaba en una condición que Dios no pudiera resolver. Es exactamente el comportamiento de la fragilidad humana el cual evalúa las cosas desde el punto de vista terrenal, lo cual siempre va a mostrar señales que tu situación está en una condición crítica y que quizá no hay ninguna solución por delante. Es tan difícil creer en una situación tan crítica humanamente hablando y a la misma vez estar dispuesto a confiar que mi situación no es el final hasta que Dios dé la última Palabra. (Proverbios 16:9) "El corazón del hombre traza su rumbo, pero sus pasos los dirige el Señor."

No esperaba que me iban a poner en el "Centro de Unidad Intensiva." Tampoco me imaginaba que lo que se iba a poner intenso en ese cuarto, era la demanda que Dios me iba a dar en medio de mi dolor y sufrimiento. Al llegar allí me pusieron inmediatamente oxígeno para facilitarme el lograr respirar y me dieron medicamentos para lidiar con mi dolor. Adicional a todo lo que estaba experimentando por el coronavirus y el deterioro de mis pulmones, también desarrollé un coágulo de sangre entre el pulmón y el corazón. Inmediatamente al día siguiente comenzaron todas las investigaciones para saber cómo era posible que tuviese una embolia pulmonar. Todas las mañanas llegaban las enfermeras para sacarme sangre y a darme unas pastillas para afinar mi sangre, lo cual se usa para evitar que se desarrollen coágulos de sangre presente y futuros. Siempre había doctores y enfermeras nuevas cada que hablaban continuamente conmigo y hacían evaluaciones. Comenzaron a evaluar mis piernas y estómago con un sistema de ultrasonido para ver si los coágulos de sangre comenzaron en las piernas o si tenía alguna línea familiar o historial que pareciera de coágulos de sangre, lo cual no tenía ninguna. Tampoco tenía familiares que padecieran de coágulos sanguíneos. No aparecieron coágulos de sangre en mis piernas lo cual eso los tomó por sorpresa, ya que normalmente empiezan en las piernas y luego se trasladan a otras partes del cuerpo. En los 3 días que estuve allí ellos continuamente seguían investigando y buscando contestación a mi situación para saber cómo iban a proceder con la condición en la que me encontraba. Durante todo este tiempo me sentía con mucho dolor, con falta de poder respirar libremente y sin deseo de comer; Sin embargo continuaba sintiendo esa paz inexplicable dentro de mí cómo que me estuviera diciendo: no importa las investigaciones y análisis que te hagan y cómo te sientas, Yo (Dios) tengo el control absoluto de tu situación.

En una de las noches que estaba en el hospital sin poder recibir visitas dado a el problema de contagio del coronavirus que para ese entonces estaba en su máximo auge, sentía que tenía la presencia mayor que cualquier ser humano podía tener, y esa era la compañía del Dios soberano y todopoderoso. En una de esas noches que estaba por quedarme dormido sentí de parte de Dios qué me decía: "vete a las redes sociales y comienza a predicar y adorarme en medio de tu circunstancia." A veces Dios nos va a pedir que hagamos lo que comúnmente hacemos cuando todo está bien, pero te lo va a pedir en el momento más difícil de tu vida porque eso es exactamente lo que forma carácter en nosotros y nos evita adorarlo solamente cuando todo está bien. Dios me pidió que fuera en vivo en mi página de Facebook™ y que predicara y le adorara en medio de mi dolor. Así que una noche abrí mi página y comencé a hablar de lo que Dios ponía en mi corazón y trataba de cantarle canciones de adoración a Dios, pero el dolor era intenso. Tenía que hacer pausas continuas entre el mensaje y las alabanzas por la falta de aire. A la misma vez era un privilegio y un gozo inmenso el poder adorar a Dios y hablar de sus maravillas en medio de mi tormenta. La canción que comencé a cantar hablaba de su fidelidad. Esto trae a memoria la situación en la que se encontraba Pablo y Silas luego de haber sido latigado muchas veces y puestos en la cárcel simplemente por sacar un espíritu adivinador que poseía una joven y que sus amos hacían gran dinero con ella. Ellos en medio del dolor de los latigazos y de injustamente estar en una cárcel, en lugar de lamentarse y quejarse, decidieron adorar al Señor con oración y cánticos de alabanza. (Hechos 16:25) "A eso de la medianoche, Pablo y

Silas se pusieron a orar y a cantar himnos a Dios, y los otros presos los escuchaban." Me di de cuenta que al día siguiente luego de haber predicado y adorado a Dios a través de las redes sociales, más de 63,000 personas se habían añadido a la página en vivo en Facebook™. Dios usó mi condición y mi situación para traer un mensaje de salvación y reconciliación.

Déjame resumirte de manera breve todo este relato que me llevó a estar nuevamente frente a la muerte y ver la mano de Dios devolverme la vida. Jamás pensé que un virus como este me afectaría de tal manera, donde mi cuerpo físico llegó a deteriorarse a tal grado, que el mismo Pastor que corría las gradas y los países predicando en cruzadas por horas, ya no lograba caminar en una línea recta ni diez pasos. Desarrollé varias condiciones provocadas por el virus incluyendo una embolia pulmonar. Mi familia me entregó a las manos de los doctores sin tener la seguridad de verme salir nuevamente de aquel hospital. Mis finanzas se vieron trastocadas, pero todavía hoy estamos viendo la cobertura de Dios y cómo ministró el corazón de muchas personas para que nos cubrieran hasta las necesidades básicas. Vi como muchas personas se pararon en la brecha a luchar y orar por mi vida, cuando ni yo ni mi familia teníamos las fuerzas para hacerlo; como también vi a otros quedarse en silencio. Viví lejos de mi esposa, de mis hijos, de mis nietos, de mi congregación y aún de todos los ministerios pastorales en los que me movía, con el gran temor de no tener nuevamente la oportunidad de predicarle a uno más. Mi familia sufrió mucho y justo cuando me sentía en el punto más débil, Dios me dice: "conéctate y predica". Ese live o en vivo, aún está siendo visto por muchas personas. Bailé nuevamente con la muerte, pero una vez más Dios sopló aliento de vida en mí.

Hoy en día, Dios continúa motivándome y dándome la gracia y el poder para continuar predicando su Palabra a pesar de que estoy en recuperación por los resultados que dejó el Coronavirus en mi cuerpo. No siempre las condiciones van a estar perfectas para servir a Dios, pero Dios espera que nosotros continuemos confiando en Él, así como el Apóstol Pablo expresó en 2 Corintios 12:10 "Por eso me regocijo en debilidades, insultos, privaciones, persecuciones y dificultades que sufro por Cristo; porque, cuando soy débil, entonces soy fuerte." Me dijeron que tengo daños permanentes en los pulmones según los diagnósticos finales del doctor, pero la experiencia que viví al borde de la muerte me enseñó a confiar más en Dios, a valorar mi familia aún más, a administrar el tiempo correctamente y a invertirlo en aquellas cosas que verdaderamente importan, a servirle con mayor pasión, a disfrutar la vida sin afán y estar dispuesto y disponible para lo que Dios pida de mí. Aprendí que el tiempo no discrimina, no regresa atrás, no se estanca, sino que se siempre se mueve hacia al frente. Llegué a la conclusión que no hay tiempo para perder tiempo.

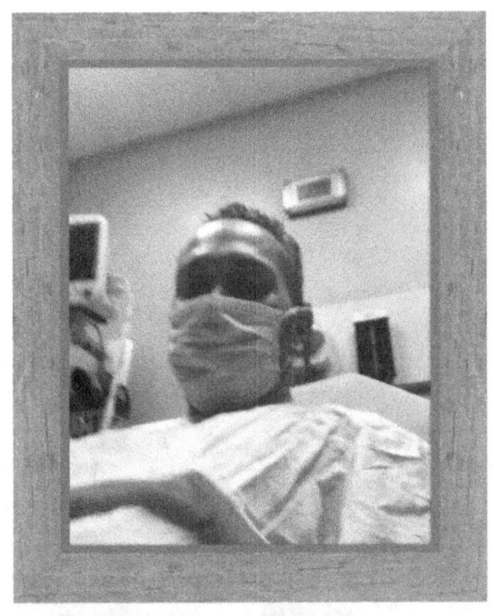

Desde mi corazón Pastoral

Espero que este libro haya tocado lo más íntimo de tu corazón y que a través de los testimonios ocurridos en él, usted haya podido recibir un pequeño retrato o perspectiva de la grandeza del poder de Dios, ver cuánto él ama a su creación y su deseo de tener una íntima relación con el ser humano. Es su deseo darte propósito y una vida eterna el cual este mundo no te puede ofrecer. La Palabra de Dios dice en Juan 3:16-17, "De tal manera amó Dios al mundo que dio a su hijo unigénito para que todo el que en Él crea, no se pierda más tenga vida eterna, porque Dios no envió a su hijo a condenar al mundo sino a ser salvos por él. Nuestros pecados nos mantenían alejados de Dios y sólo Jesús llenaba los requisitos necesarios al ser Santo y sin pecado, para morir en una cruz para que así nosotros pudiéramos ser perdonados. Jesús que fue justo murió por nosotros los injustos, siendo sin pecado murió por nosotros los pecadores, se hizo maldición en una cruz para que nosotros recibiésemos la bendición de la salvación y la vida eterna. Se hizo hombre para morir en una cruz por nosotros para que fuésemos bendecidos y sentados en lugares celestiales con Cristo Jesús.

Sólo Jesús podía reconciliarnos con Dios al tomar los pecados de la humanidad sobre él mismo al morir en la cruz del calvario y lo hizo por amor a usted y a mí. Si deseas aceptar a Jesús como Señor y Salvador de tu vida, repite conmigo esta oración: "Señor Jesús te acepto como Señor y Salvador y en fe y en arrepentimiento creo lo que tú hiciste en la cruz del calvario por mí. Gracias por darme una nueva vida y te lo pido en el nombre de Jesús, amén.

Si hiciste esta oración te has convertido en un hijo (a) de Dios salvado por su gracia y su amor. Te animo a que busques una iglesia donde congregarte, para que juntos a otros hermanos que han aceptado a Cristo como usted, pueda seguir aprendiendo la Palabra de Dios lo cual lo va a llevar a una relación íntima con Él, donde tendrás experiencias con Él y donde encontrarás tu propósito en esta vida y luego en la vida eterna junto a Jesús. ¡Que Dios te bendiga grandemente!

—Pastor Raul Quiñones

OUR HAPPY PLACE

Sobre el autor

El Pastor Raul Quiñones nació el 3 de Abril, 1968 en Brooklyn, Nueva York y fue criado en el pueblo de Bayamón, Puerto Rico. Su padre Raúl Quiñones falleció cuando era joven y su madre Abad Echevarría, fue quien lo crio. Quiñones es uno de cuatro hijos entre ellos: Awilda Román, Heriberto Román y Louis Raúl Quiñones. Raúl ha llevado un hermoso matrimonio por 27 años al cierre de este libro con su esposa Sheila Marie Quiñones, con la cual concibió cuatro hijos: Alieshka Marie Quiñones, Rashell Rivera, Shylane Quiñones y Louis Hiram Quiñones. Tiene además la bendición de tener 3 nietos: Caleb Noe Rivera, Josías Yael Rivera y Josué Eli Quiñones.

Graduado con un bachillerato en Ministerios Pastorales_del Colegio Nazarene Bible College en Colorado, lleva 15 años pastoreando la Iglesia Centro Mundial de Alabanza en Colorado Springs, Colorado. Dios le ha dado el privilegio de predicar en diferentes lugares como: Estados Unidos, Panamá, Puerto Rico, Colombia, Costa Rica y México, e Irak entre otros países. Adicional ha tenido la bendición de ser parte de los comité de la Alianza Ministerial de Colorado Springs Hispana y de la Alianza Americana CosIloveyou de Colorado Springs dónde ha servido a las necesidades su ciudad de Colorado Springs. Sus mayores metas es poder predicar el evangelio para que las almas vengan a conocer a Cristo y el apartado venga a reconciliación, el poder darle a su familia y a aquellos que lo han rodeado con un testimonio real de sus palabras y sus hechos de lo importante que es Dios en la vida de un ser humano, lo que Dios ha hecho en él y a través de él para su gloria y su honra, tratar de ser el mejor esposo, el mejor padre, el mejor abuelo, el mejor vecino, el mejor ciudadano, el mejor ser humano, el mejor hijo ,el mejor hermano y el mejor hermano en Cristo y servidor de Dios que pueda ser.